ユニバーサル・スタジオ・ジャパンのシンボルであるグローブのあるエントランス。
多くのゲストが入場前に記念撮影する。

2001年のオープン時から変わらず人気のアトラクション「ジョーズ」

ファミリーエリアとして2012年にオープンした「ユニバーサル・ワンダーランド」。
2014年には大幅リニューアル実施。

クリスマスを彩るギネス世界記録認定
世界一の光のツリー（2015年度更新）

今やハロウィーンと言えばUSJ。
その大きな原動力となったハロウィーン・ホラー・ナイト

REGAL
TAXI

オープン当初、行列待ち時間9時間40分と記録的ヒットとなった
「ハリウッド・ドリーム・ザ・ライド～バックドロップ～」

HOLLYWOOD DREAM
BACKDROP
EXPRESS

ゲームを飛び出し、USJならではの創造力と技術力でその世界観を忠実に再現。
「モンスター・ハンター・ザ・リアル」シリーズ

生存率0.004%のアトラクション「バイオハザード・ザ・リアル」。
バージョンアップしてシリーズ化するほど人気に。

USJのジェットコースターは なぜ後ろ向きに走ったのか？

森岡 毅

角川文庫
19708

プロローグ　私は奇跡という言葉が好きではありません

完成間近のホグワーツ城の前で

「やっと、ここまで辿《たど》りついた……」

私は込み上げてくる嬉《うれ》しさを抑えることができず、自然とつぶやいていました。ここに辿りつくまでのやっかいな重い記憶の数々も、この壮麗な城の前では消し飛んでしまいます。

「うーん、美しい！」

私はハリー・ポッターのホグワーツ城をベストアングルから見上げています。誰よりも早く、この景色を独り占めできる。こういう役得はこの仕事の楽しみの1つです。

真っ青な空へ高く突き刺さる城の尖塔《せんとう》も、目の前の視界を全て覆うほど巨大な岩壁も、見れば見るほどに精緻《せいち》な造作です。まさにハリー・ポッターの映画そのものの世界が再現されています。

この調子だと城の外郭工事は1月中にほぼ終わり、早ければ春先には足場が外れるでしょう。そして工事の中心はホグズミード村へ集中し、計画通り進めば２０１４年の夏休み前には、日本中、いや、アジアの全域から、多くのゲストをお迎えすることができるでしょう。

ユニバーサル・スタジオ・ジャパンに、ついにテーマパーク・エンターテイメントの結晶「The Wizarding World of Harry Potter」がオープンするのです。

私が働くテーマパーク、ユニバーサル・スタジオ・ジャパン（ＵＳＪ）は、２００１年にハリウッド映画のテーマパークとして誕生しました。世界中のどのテーマパークよりも早いペースで開業からの来場者数が１０００万人を突破し、年間の来場者数も１１００万人を達成しました。しかし、その後は８００万人前後に落ち込み、私が着任する直前の数年間は７００万人台の前半まで低迷していました。

それがここ3年で業績を急上昇させて、「ＵＳＪが奇跡的なＶ字回復！」と、多くのメディアで取り上げていただけるようになりました。２０１２年度の年間集客は、低迷時の１・４倍近い１０００万人に迫るところまで伸び、２０１３年度も見込みではさらにそれを上回る勢いです。

数字だけを見ると、確かに鮮やかで奇跡的な成功に見えます。しかし、改革の陣頭に立って走り続けてきた当人には、美しかったり鮮やかだったりする側面はどこにも見えないのです。悪戦苦闘、七転八起の連続だった泥臭い足跡と、何度も訪れた絶体絶命のピンチをなんとか切り抜けてきたヒヤヒヤの残像……。私の脳裏に蘇《よみがえ》るのは、発狂しそうなくらいドラマチックだった3年間の記憶です。

私は「奇跡」という言葉が好きではありません。外から見たら「奇跡」のような成功に見えるのかもしれませんが、ここで起こったことはただの偶然ではないのです。ここに絶対に辿りつこうと歯を食いしばって、執念でアイデアを振り絞って、皆と力を合わせてここまで来ました。

もちろん戦いを始める前にもそれなりの勝算はあったのですが、想定外のピンチがバンバン起こり、この3年間の道程はあまりにも険しいものでした。もし少しでも何かが狂っていれば、今、私が見上げている城は全然違ったものになっていたかもしれません。いや、もしかしたら見上げるものすらなく、途方に暮れていたかもしれません。

そう思うと、しみじみ感慨が込み上げてくるのです。

テーマパークは究極の集客ビジネスです。「人はエンターテイメントがないと生きていけない」と私は信じていますが、消費しなかったとしても命に別状がないのがエンターテイメントです。食品や生活用品のように安定的な需要はありません。景気が悪ければ真っ先に家計からカットされるのが、テーマパークのような娯楽ビジネスです。そして面白ければ爆発的にヒットし、つまらなければあっという間に衰退する、**常に厳しい生存競争にさらされている「集客アイデアの実験場」**でもあります。

鳴り物入りでオープンした当初は人が溢《あふ》れていたのに、わずか数年でさびしい客足になっている集客施設は、日本国中に星の数ほどもあるのではないでしょうか。集客で悩んでいるのはＴＶで紹介されるような大型集客施設ばかりではありません。ショッピングモールや商店街はもちろん、御近所の理髪店や花屋さんも本屋さんも……。これらは全て集客施設なのです。消費者を相手にしている小売業に関わる人ならば、ＵＳＪが直面したのと同じ問題に悩んでいるはずです。新しいもの好きな日本の消費者に、**どうや**

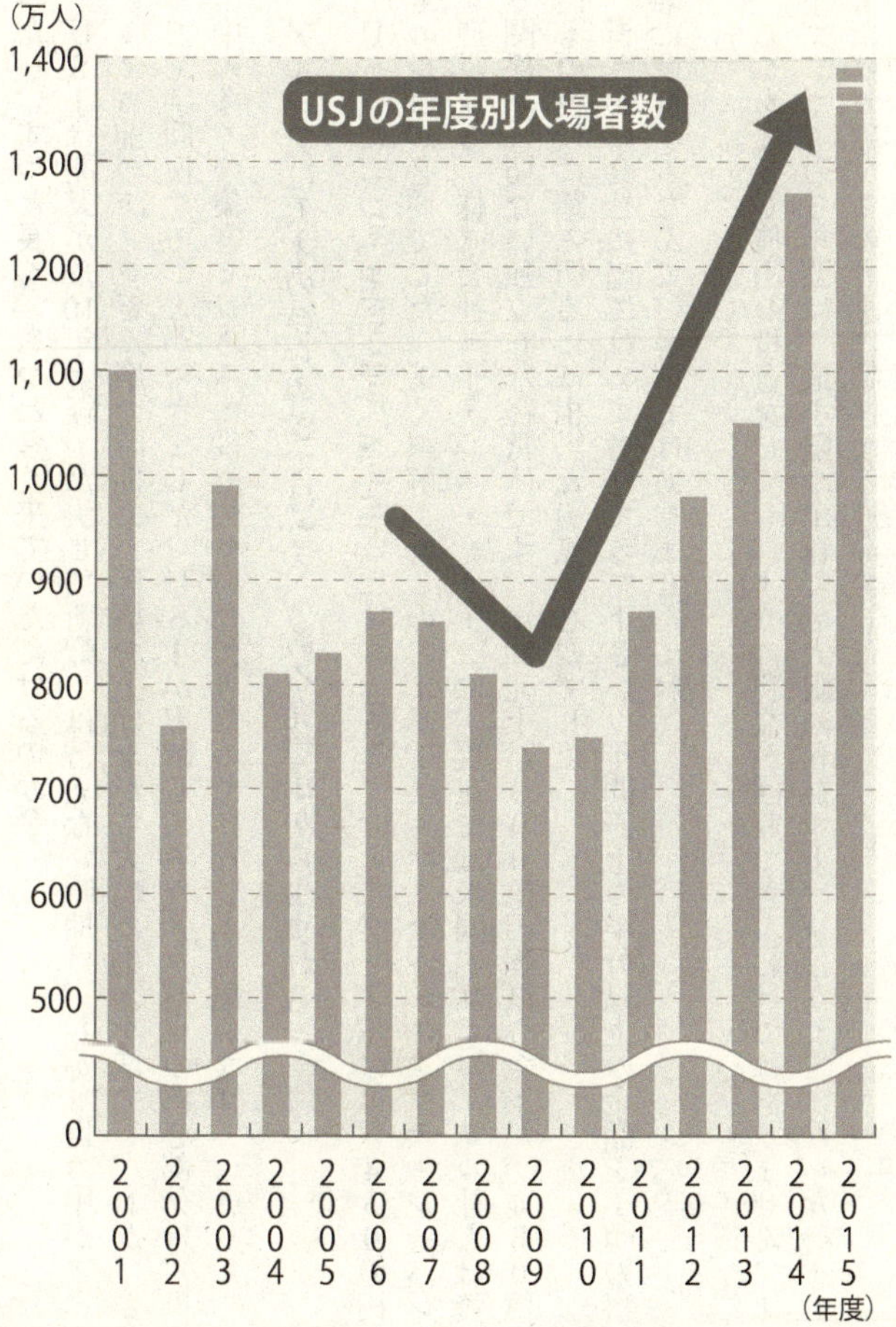

USJの年度別入場者数
(万人)
1,400
1,300
1,200
1,100
1,000
900
800
700
600
500
0
2001
2002
2003
2004
2005
2006
2007
2008
2009
2010
2011
2012
2013
2014
2015
(年度)

ったら、ずっと長く、もっと多く来ていただけるのか？

ＵＳＪは開業から10年も経った決して新鮮とは言えない時期に、しかも世の中がアベノミクス前のデフレどん底の時期に、価格を上げながら大幅に集客を増やし、おかげさまでV字回復することができました。ＵＳＪが実践してきたノウハウの核心部分は、世の中の多くの集客ビジネスに役立てていただけるのではないかと思います。

アイデアは天才のひらめきではなく、ある発想法から生まれる

ＵＳＪに「The Wizarding World of Harry Potter」をオープンするには、４５０億円もの投資が必要でした。よく誤解されるのですが、ユニバーサル・スタジオ・ジャパンを運営する「株式会社ユー・エス・ジェイ」は、現在では米国のユニバーサル社とは資本関係が一切ない独立した経営体です。年間売上が８００億円程度の企業が、４５０億円もの投資に踏み切るには相当な勇気が必要でした。

皆さんの会社に当てはめて考えてみて下さい。年間売上の半分以上の金額を１つの事業に投資するなんて、尋常ではありませんよね。

しかも４５０億円の投資をしても、すぐに利益が回収できるわけではありません。オープンまでの3年間は、最小限の出資で最大限の利益を上げ続けなくてはならない。さもなければ、この計画は頓挫《とんざ》する運命でした。

数多くのピンチからユニバーサル・スタジオ・ジャパンを救ってくれたのは、消費者を惹《ひ》き付ける奇抜な「アイデア」の数々でした。

最近、私のことを革新的なアイデアを次々に生み出す「アイデアマン」だと褒めてくれる人がいます。しかし本当の私は、そういうタイプの人間ではありません。むしろ、クリエイティブなひらめきでアイデアを次々に生み出す天才とは真逆の、頭の中が四角いタイプです。論理や数字を頭の中でカクカク動かすタイプの人間です。

私はよく思っていたのです。ピンチに直面したとき、それをチャンスに変えるアイデアを軽やかに生み出すことができたなら、どれだけ人生を高く飛ぶことができるかと。そういう人をいつもうらやましく思っていました。かつての友人や同僚の中には、突拍子もない発想で次々に面白いアイデアを考え付く「クリエイティブ」な頭を持った人間が少なからずいたのです。

しかし、決してクリエイティブではない私でも、追い詰められた中でめちゃくちゃに加圧されると、頭の中で眠っている何かが目を覚まして、生き残るためのアイデアを生み出せるようになりました。そういうことを繰り返すうちに、かなりの高確率でアイデアを生み出せる方法を編み出したのです。

柔らかくも面白くもない私の頭の中から出てきたこの3年間のアイデアは全て、ある発想法によって生産されています。それは実は誰にでもできることなのです。私はその**アイデア発想法を「イノベーション・フレームワーク」と呼んでいます。**

天才的な右脳人間になれなくてもいいのです。常識的に物事を考える凡人ならではの強みを活《い》かせば、必ず最高のアイデアに辿りつくのです。このイノベーション・フレームワークを使えば、天才から凡人の手にアイデアを取り戻すことができます。

そして何より皆さんに伝えたいのは、「アイデア」こそが最後の切り札になりうるということです。お金がなくても、コネがなくても、「アイデア」だけはあなたの頭の中に眠っているのです。あなたがそれに気づいていないだけなのです。それを呼び起こす方法を、包み隠さずお教えしたいと思います。

2013年11月　著者

目次

エピローグ　ＵＳＪはなぜ攻め続けるのか？……215

文庫版あとがき　打ち上げられた「ハリー・ポッター・ロケット」……231

第1章　窮地に立たされたユニバーサル・スタジオ・ジャパン

日本人はどうしてリスクを冒さないのか？

ユニバーサル・スタジオ・ジャパンの運営会社である「株式会社ユー・エス・ジェイ（ＵＳＪ）」にマーケティングの専門家として私が勤めるようになったのは、約３年半前の２０１０年６月のことでした。それまでの私は、外資系のメーカーでヘアケア製品のマーケティングを担当しており、マーケティングの専門家としてのノウハウには自信がありましたが、エンターテイメント業界の経験は皆無でした。

ただ子供時代から遊園地やテーマパークは大好きでした。感動やスリルで気分がスカッと晴れるので大人になってもしょっちゅう行っていました。欧州への新婚旅行の際にも、テーマパークに行くためにわざわざパリに立ち寄るほどでした。子供ができてからは、子供の弾《はじ》ける笑顔を見る新たな楽しみも加わって、家族全員でますます遊園地やテーマパークを楽しむようになりました。

そんな私なので、ＵＳＪに入社する前から世界中の主なパークは制覇していました。何でそんなに好きなのか？　と聞かれると、「ワクワク・ドキドキ」するからと答えます。複雑でストレスの多い現代人を元気にする手段として、テーマパークはとても確実で安心できるストレス解消の手段です。

テーマパークの最も重要な社会的価値は、多くの人々を元気にできる効用にあると私は考えています。全国の大型テーマパークが年間で何百万人・何千万人もの人々の心を前向きにリセットする力は、よく試算される経済効果の莫大《ばくだい》な数字的な額面よりも、実はもっと大きな社会への効用だと思います。

私がＵＳＪに入ることになったきっかけは、ＵＳＪの代表取締役ＣＥＯであるグレン・ガンペルとの出会いでした。

グレン・ガンペルは、ＵＳＪを倒産の危機から救い出した人物です。大阪市第三セクター時代のユルい経営に加えて、相次いだ不祥事による大きな集客減により、会社としてのＵＳＪは２００４年に事実上一度破綻《はたん》しています。そのときに米国ユニバーサル社から招かれ、新たな資本の座組で経営体制を刷新し、短期で経営合理化を推し進めて、わずか数年で株式上場させるまで経営再建を成し遂げたリーダーがグレンです。

弁護士資格を持つプロの交渉人であり、ハリウッドを舞台にビジネスの修羅場の海と山を幾度となく越えてきた彼の奮闘がなければ、今大阪にこの規模のテーマパークが存在することはなかったと思います。

グレンは自分の右腕となるマーケティングのプロを探していました。私の経歴や実績に関する資料をヘッドハンター経由で入手したグレンから面会を求めてきたのです。

私は急いで会社を変える理由もなかったので、自分のプロとしての能力をちゃんと理解した上で買ってくれる会社かどうかを見極めてから結論を出そうと考えていました。そうでなければ深みにはまる前にお断りしようと、そのくらいの気持ちでグレンに会ったのですが……。

社長室の椅子から立ち上がった細身の彼は、一見して常人ではないと思わせる鋭い眼光を放っていました。映画「ゴッドファーザー」に出てくるマフィアの大ボスのようなすごみのあるオーラをまとっていました。アメリカ人につきものの表面上のフレンドリーさも皆無で、ニコリともせず私に着席を促したのです。

彼は私に向き合うと開口一番、こんな質問をしました。

「人はなぜテーマパークに行くのだと思いますか？」

私はその質問に一瞬驚き、数秒後にこう答えました。

「私にはまだよくわかりません」

そしてもう数秒後に、ゆっくりと付け加えました。

「しかし、私はその核心的質問の答えにどうやって辿《たど》りつくかを知っています」

その瞬間に彼はニヤっと微笑みました。

「そうですか。実は私もその答えをずっと探し続けて、今もそればかり考え続けているのです」

そのときに「ストレス解消」だの「ワクワクするため」だの素人のように答えていたら、きっと私にUSJで活躍する場は与えられなかったでしょう。私には、彼が問うたその質問以上のメッセージがわかりました。「マーケティングの強烈なプロを探している、お前にはそれができるか？」と彼は言っていたのです。

彼の2つ目の問いも実に興味深いものでした。

「日本人はどうしてリスクを恐れて何も変化を起こさないのだと思いますか？」

私は答えました。

「その多くは変化を起こす必要性を理解していないからです」

そして静かに続けました。

「日本人にそうでない人間もいることを、残念ながらあなたはまだ知らないようですね」

私は自信に溢《あふ》れた態度を崩しませんでした。彼が「リスクに挑戦して会社を大きく変革させるリーダーシップがとれるのか？」と聞いているのは明らかだったからです。

私の目をじっと見た後、彼は手を差し伸べて言いました。

「ぜひ来てほしい、何としても来てほしい」

彼の強い眼光は私の心を射抜きました。自分の中の何かが強い力でぐっと摑《つか》まれた気がして、私は思わずその手を握っていました。

私が戦う「最大の敵」

グレンから強烈な「変革への期待」をかけられた気がして、私は焦っていました。正直なところ、転職の機会にちょっとだけ休んで一息つきたかったのですが、入社した時点で必ず彼に試されるような気がして、「どうやってこのパークを成長させていくか」を必死に考えていました。

少なくとも入社までには自分なりの構想を練っておこう。せっかく自分がやるからには、ユニバーサル・スタジオ・ジャパンを、今まで自分が世界中で訪れたどのパークよりも素晴らしいパークにしたいと本気で思っていました。

私の考える素晴らしいパークとは、「より強い感動を届けて、より多くの人を元気にできる」パークです。より強い感動を、パークが一杯になるまで多くの人に届けるのが正しいと考えました。なぜならば、当時の集客数はパークが一杯になるにはまだまだ余裕があったからです。

ユニバーサル・スタジオ・ジャパンは、たとえ700万人台に落ち込んだとはいえ、集客施設として日本で2番目、世界でも有数の規模でした。しかし、入社前の真っ白な私にはふと疑問が湧いたのでした。

少なくとも一度は1100万人を集客できたのに、なぜその後はずっと700万〜800万人なのだろうと。

その点については、社内では多くの人が、開業の翌年に起こったいくつかの不祥事のせいで、ブランドへの信頼が失墜したからだと考えていたようです。

ハリウッドの常識をそのまま持ち込んで火薬の消費量などで当局の指導を受けたり、

建設時に工業用水が一部の水飲み器に繫《つな》がれていたミスがあったり、マスコミに当時大きく報道されました。

その影響で2年目以降に集客が大きく下がったままなのだと、多くの社員は考えていたようでした。その考えを裏返すと、あの不祥事さえなければ、もっともっと高い集客レベルを維持できたはずだということになります。

果たして本当にそうなのでしょうか？

私はマーケットの需要を数学的に読み解くのは専門で、多くの場数を踏んできました。だから当初にもらった情報を頭に入れただけでも、この規模の落ち込みが何年も続いているのは何かがおかしいのではないかと直感しました。

こういう場合は、一時的な何かの影響ではなく、**潜在需要の大きさを阻害している構造的な理由がある場合が多い**のです。

何が問題なのか、より詳しくデータを調べてみることにしました。前職を辞した2010年の5月の半ばから6月にUSJに入社するまでの2週間で、徹底的に市場データ、消費者データ、経営に関する資料、ベンチマークになる競合各社の資料などを読み込んで、自分なりにこのパークは本来どの高さで飛べるのかを、需要を推定するモデリングを複数使って試算してみたのです。

すると、少なくとも年間1000万人レベルの総集客を維持継続することは可能であるという結論に至りました。では、なぜ700万人や800万人になっていたのか？

この疑問を解くには、資料を読み込んで分析するだけでは不十分です。実際にパークを歩いて、消費者としてこのパークの体験価値を深く理解し、マーケターの視点で問題点を整理してゆく必要がありました。

その後の2週間は頭だけでなく足もよく使いました。

先入観のない真っ白な私が、その疑問を解く意志だけを胸にパークを歩くと、その答えに辿りつくのにあまり苦労はしませんでした。いくつかの大きな問題があることがすぐにわかったのです。

私が戦って変えてゆくべき「最大の敵」が見えてきました。それはUSJのように技術や品質にこだわる会社にはありがちな問題点だったのです。

素晴らしい技術があるのに、みんな誇りを持って一生懸命やっているのに、なぜかうまくいかない。高い品質の製品を作っているのに、なぜか売れない。そんな悩みをかかえる技術志向の日本企業は少なくないと思います。当時のUSJは同じ問題をかかえていたのです。

こだわるポイントが間違っている

技術のための技術や、品質のための品質は、価値がないと私は考えています。人の役に立つための技術であり品質のはずだからです。

こだわりを持って仕事をする職人気質《かたぎ》そのものが悪いのではありません。それが正しい目的のために発揮されれば素晴らしい力になるのですが、目的からズレていくと意味を成さないどころか、新しい発想の芽をつぶして、ビジネスを取り巻く環境との不適合を起こし、どんどん細く深く閉じていくことになります。

例えば、私の入社以前の話なのですが、ショー・アトラクション「ピーターパンのネバーランド」で登場する海賊船に、職人がお金と時間をかけて超ハイレベルなエイジング塗装（汚し＝経年劣化をリアルに感じさせる特殊塗装）をしました。ところがその結果、肝心のゲストには「海賊船があまりにボロボロで古くて汚い」と不評だったことがありました。

エイジング塗装の高度な技術そのものはパークのクオリティーのために必ず必要なのですが、問題はその技法を何のために使うのかという目的がブレてしまい、本来の消費者価値からはズレてしまっていたことにあるのです。

こういう「方向性を間違えたこだわり」のせいで、このパークが本来発揮できるはずの力が削《そ》がれているように見えましたし、どれだけ多くの従業員の頑張りが報われないで終わっているかに胸が痛みました。そして、多くの従業員のこだわりのズレをこのまま放置すると、恐ろしい敵になると思ったのです。

このような消費者とのズレを正すことは、マーケティングの根幹の使命です。私は「この敵と戦って会社を変えねばならない」と思いました。

しかしこの敵は相当手ごわいのです。なぜなら、悪意でやっているのではなく、その間違ったポイントにこだわることを正しいと誰もが信じているからです。過去の成功体験に縛られ、前例を打破するやり方を怖れるのです。それを変えようとする人間は、組織では少なからず悪であり敵だと認識されます。多勢に無勢で、実績と信頼のない新参者が変革を実行するには、大変なエネルギーと打たれ強さが必要になります。

しかし、私は覚悟しました。私がやるべきことは、ポイントのズレたこだわりを正し、**限られた経営資源を消費者価値の向上に正しくシフトさせることだ**と。それがうまくできれば、これほど誠実に丁寧に実直に仕事をするユニバーサル伝統の現場力を、ビジネスの結果が出やすい場所で爆発させることができる。そうなれば彼らのこだわりは必ず報われるはずだと。

3段ロケット構想

私はUSJに入社する直前に、このパークが抱えている問題点と、それを打破して会社を飛躍させる成長戦略構想を熟考し、仮説をいくつか立てていました。この会社が飛躍的に成長するために成功の確度が高いと思われる1つの戦略を構想したのです。

「飛躍的手段」は必ずリスクを伴います。しかし、会社を大きく成長させるためには、それまでの構造的な制約からの大きなジャンプがどうしても必要になります。

このときUSJは、会社の規模によって設備投資の規模も制約されるという当然の運命にありました。私は到達したいゴールに一気にジャンプするのが厳しいなら、その間に階段を作って（結果的にかなり急な階段になったのですが）、それを確実に上って行こうと考えました。会社の収益構造を大きく変革させる「ゲームチェンジャー」を3つ用意して、それらをよく考えた順番で段階的に展開することで、設備投資の制約の中であってもキャッシュフローをなんとか繋《つな》ぎ、会社を成長させるという「3段ロケット」構想でした。

1段目のロケットは、テーマパーク事業の最大のボリュームゾーンでありながらUSJの長年の弱点だった「家族連れ顧客（ファミリー）」を取り込むこと。

そこから生み出したキャッシュをテコにして打ち上げる2段目のロケットは、遠方からゲストを集客できる「ものすごい何か」を作って関西依存の集客構造から脱却すること。

そして更に大きなキャッシュをテコにしてより高く打ち上げる3段目のロケットは、科学的経営管理法に基づいてパークを効率的に運営するこの会社のノウハウを複数の場所に展開して、会社を大きく飛躍させてゆくこと。

私はこの段階戦略が突飛だとは思っていません。多くの急成長した組織は結果的にそうなっている場合の方が多いからです。

例えば、尾張《おわり》の小大名だった織田信長《おだのぶなが》も、いきなり天下を取った訳ではありません。まずは尾張を統一安定させ、その次に美濃《みの》を取ってから、ようやく天下布武に躍り出たのです。最初からその「段階」を明確な戦略として強く意識して経営資源を配分できるか否かが、目的達成の成否を大きく変えると私は考えています。

社運を賭《か》けた大冒険に踏み出すことを、私が社内で最初にぶち上げたのは2010年7月のことです。

私がUSJに入社してまだ2カ月目のことでした。6月に視察に行った米国ユニバーサル・オーランド・リゾートで私は見てしまったのです。その月にオープンしたばかりの「The Wizarding World of Harry Potter」のプロトタイプ（試作モデル）を……。

私はUSJに縁がある前から無類のテーマパーク好きで、世界中のメジャーなパークはほぼ全て制覇していましたから、テーマパークのクオリティーの相場も、最も進んだレベルも知っているつもりでした。

しかしこれだけは、その相場をブチ抜いていたのです。

どのパークでも見たことのないディテールへの執念！　城壁の岩肌に目をこらせば張り付いた苔《こけ》まで微細に見えますし、家々の煙突の微妙な歪《ゆが》みの連なったその街並みのリアリティー、レンガ1つ1つのヒビや歪み、フクロウの糞《ふん》の1つ1つの場所にまでこだわって作られています！　まさにユニバーサルの職人の魂を込めた、訳がわからないほど突き抜けたクオリティー！　街や城をそのまま作ってしまうような巨大なスケールで、しかも微細なディテールにも徹底的にこだわっている。だからこそ、あのハリー・ポッターの世界に浸りきる恍惚《こうこつ》感がとにかく圧倒的なんです……。

私が初めて「Harry Potter and the Forbidden Journey」に乗り終わって自分自身が驚いているときに、隣に乗っていたハリー・ポッターのファンの10代前半の女の子二人が感動で声をあげて号泣していました。彼女たちにとってみれば、このアトラクションは本や映画でイメージしてきたあの世界に実際に入り込む感動を、自分の体感に刻める魔法の装置なのです。

私は、「これだ！　2段目のロケットはこれだ！」と直感し、ものすごく興奮したのを覚えています。

その衝《つ》き上げるような興奮は、それを作り上げるために必要なコストの概算が出てくるまでは、それはそれはとても新鮮に美しく5日ほどは続きました（笑）。

そうなんです。当時の私にはアトラクションやテーマパークの建設に必要な、規模や品質に見合った「コストの相場」の知識と感覚が欠如していたのです。入社してすぐの出来事ですから仕方ないですが、知らないほうが幸せなこともありますね（笑）。

最低でも400億円はかかる（実際は450億円）と聞いたときの衝撃。それからめまぐるしく頭を動かし続け、細かいところは記憶が飛んでいるほど、その6月、7月、8月は、私の人生で最も忙しく頭を使った「地獄の3ヵ月間」でした。

その3ヵ月間に私がしたことは、「3段ロケット」がそれぞれ何かを見つけ出すことでした。そしてどういうやり方をすれば投資配分とキャッシュフローの健全な持続が可能になるのか、その数学的シミュレーションをひたすら繰り返し、やれる方法を見つけ出すことでした。

後の章でそれぞれ書くことになりますが、私がこのときに探り当てた「1段目」と「2段目」の答えはこうでした。

まず、ゲームチェンジャーである1段目のロケットは、小さな子供連れファミリーも長期にわたって集客に取り込める新ファミリーエリア（現在のユニバーサル・ワンダーランド）を最速で建設し、2012年春までに開業させること。

それによってパークの収益構造を大きく改善させてキャッシュを貯めつつ、2段目のロケットとして、日本全国・アジアからも集客が可能になる「The Wizarding World of Harry Potter」の2014年度内での開業を目指すこと。

そのために、ほぼ全ての設備投資予算をこの2つに集中し、それ以外の2011年度と2013年度は、低コストのアイデアで乗り切る、というなんとも極端なメリハリのきいたプランでした。

他にも方法はあったかもしれませんが、私が思いついた中でのベストな戦略は、その

2つのロケットへの経営資源の集中だったのです。「ユニバーサル・ワンダーランド」と「ハリー・ポッターのテーマパークの誘致」は、入社直後の同時期にペアで捻《ひね》り出した、戦略を実現するための私の最初のアイデアだったのです。

9回裏二死ランナーなし！

「3段ロケット構想」、ひいてはハリー・ポッターのテーマパークを建てたい意思を、最初にCEOであるグレン・ガンペルに話して説得しようと試みたのは、オーランドから帰国して数週間シナリオを練り続けた後の7月です。

最初は「私の死体を乗り越えてゆけ！」という至極当然の反応でした。グレン以外の経営幹部もほぼ全員が反対、当時の運営本部長だけが新参者の私のクレイジーな夢に賛同してくれました。

その時期のグレンや他の幹部が「クレイジー」と言い続けていたのは、とても真っ当な考えです。経営規模と投資の「不釣り合いさ」は、まさにクレイジーでした。しかし、たとえクレイジーな投資であっても、勝負に出なければならない戦略的な理由がそこにはあったのです。

また数字とマーケティングを専門とする私には、この冒険を成功させる勝算がありました。考え方の異なる3つの需要予測法を駆使して念入りに検証した上での決断だったのです。ハリー・ポッターのテーマパークは日本で必ず成功する、それは3年前も今も変わらぬ自信です。

問題はむしろ、その450億円を投じる意思を固めた2010年からハリー・ポッターのテーマパークがオープンするまでの「3年間の道のり」にありました。「The Wizarding World of Harry Potter」と新ファミリーエリア「ユニバーサル・ワンダーランド」の2つのみに経営資源を集中しなければならない中で、ハリー・ポッターがオープンするまでの3年間（2011年度、2012年度、2013年度）をどうやって生きのびるのか？

2012年度は第1段ロケット「ユニバーサル・ワンダーランド」で生き残るとしても、2011年度や2013年度はどうするのか？　それらの年は数十億円単位の新規アトラクションを投入して集客を維持することはできないので、極端に少額の投資で例年以上の集客とゲスト満足を達成していかねばなりません。

しかも1発でも大きく外すと、ハリー・ポッターの開業まで未回収の状態で450億円を払い続けなくてはなりません。それは会社のキャッシュフローが、ますます大きなリスクに晒《さら》されることを意味します。3段ロケットを飛ばすつもりでも、次のエンジンに点火する前に失速すれば、次のエンジンの強さに関係なく、ロケットはその時点で落ちるのです。

「金がない、人も足らない、時間もない、でも当て続けなければならない！」

ハリー・ポッターをオープンするまでの全ての年、全てのシーズナルイベント、ほとんどのプロジェクトで1発も外せない、本当に絶対に外せない。自分の両肩に常に重くのしかかっていたのは、1つもミスが許されないその悲壮感でした。

でも「やるしかない！　この道しかない！」と思えました。極端な選択と集中でしか「The Wizarding World of Harry Potter」のようなすごいものを、この経営規模のパークに建てる方法が思いつかなかったからです。USJという会社を大きく飛躍させるには、これが一番勝てると思えた選択だったからです。

気がついてみれば、9回裏二死ランナーなしの状態でした。

「全ての打席でヒットを打ち続けなければならない。最悪デッドボールでも、振り逃げでもいいから絶対に出塁して、ハリー・ポッターまで必ず繋《つな》げてみせる」

私は、そう覚悟を決めました。

第2章　金がない、さあどうする？　アイデアを捻り出せ！

「映画だけ」のテーマパークは不必要に狭い！

転職を検討している段階で、私はユニバーサル・スタジオ・ジャパンについて書かれた様々な評論や意見を雑誌やインターネットで読み漁《あさ》りました。

ほとんどの御意見は、ＵＳＪの不調の原因は「映画のテーマパークからブレてしまったこと」だというものでした。

グレン・ガンペルがＣＥＯに就任してから、経営再建策として、ハローキティ、セサミストリート、スヌーピーなどのキャラクターを導入したり、映画とは全く関係のないコンテンツを使った夜の電飾パレード「マジカル・スターライト・パレード」を導入したりしました。グレンはマーケターではありませんが、ビジネスマンとしての嗅覚《きゅうかく》で、巨大ザメや恐竜や殺人ロボットなどのスリルだけでなく、かわいいキャラクターやファンタジックなコンテンツを増やせば、女性を中心にゲストが増えるのではないかと考えたそうです。

しかし、パークが迷走していると感じた多くの人は、「ユニバーサル・スタジオ・ジャパンは映画にこだわったパークではなくなったのか？」という強い批判の目で見ていました。開業当時からこのパークを愛して下さった映画好きのファンの皆様から特にその声は強く、また、実は社員の大半も同じ想いだったのです。

映画とは関係のないものに会社が手を出して迷走している、しかしその割に集客はうまく行っていないようだ、原点の「映画だけ」にこだわったブランドからブレてしまったせいだ、早く軌道修正すべきだと。マーケティングを担当することになる私に原点回帰の期待を込めて、そう熱く語る幹部社員は実に多かったのです。

そんな空気の中で、私は社内にはびこる最大の敵「間違ったこだわり」に、まず宣戦布告することにしたのです。それは、ハリウッド映画のテーマパークとして始まったユニバーサル・スタジオ・ジャパンのブランドを、長期的に生存可能なように再定義すること。

つまり、**ユニバーサル・スタジオ・ジャパンというブランドを、「映画の専門店」という妄想から、「世界最高のエンターテイメントを集めたセレクトショップ」へと脱皮させることでした。**

誰にどれだけ石を投げられようが、何としても最初にやらねばならないことでした。なぜならば「映画だけ」のテーマパークでは、不必要に狭すぎるからです。

まず私は、グレンと大幹部を集めた小さな会議で、次に幹部もミドルも集めた大きな会議で、「映画だけ」のテーマパークからの脱却を力説しました。

その発言の後の重い空気は忘れられません。その空間が確実に歪《ゆが》んでいくのが目に見えるようでした。突然、宇宙人に襲撃されて言葉を失った人類という構図でした。

多くの人が納得していないのはわかっていました。でも結果で証明できると私は信じていました。だから最後は、全従業員が出席する年に一度の大会議でこう宣言したのです。

「ユニバーサル・スタジオ・ジャパンは、『映画だけの専門店』を廃業しました！　なぜなら映画だけにこだわるのは不必要な上に間違っているからです。これからは世界最高のエンターテイメントを集めた『セレクトショップ』としてブランドを強固に創っていくことにします！」

「差別化」という名の誤ったこだわり

USJに寄せられる熱いファンの皆様の声は、賛辞も批判もいつもありがたく受け止めさせていただいています。しかし、インターネットの世界でよくお見受けする「マーケティングのことをよく知っているぞ」的な方が、滔々《とうとう》となぜUSJは駄目なのかを自信たっぷりで語っている論調には閉口してしまいました。

要するに「映画だけにこだわらないとディズニーブランドと差別化できなくなるから絶対に集客できなくなる」のだそうです。大変失礼ですが「ああ、実戦経験の足らない自称マーケターは多いな」と私は思いました。

その「映画だけにこだわること」こそが戦略上の大きなミスなのです。この日本において、ユニバーサル・スタジオ・ジャパンが、どうしてディズニーランドと差別化しないといけないのでしょうか？

そもそも、ＵＳＪとＴＤＲ（東京ディズニーリゾート）の間には激しい集客競合がほとんどないのです。その証拠に、この数年間で急激な2桁《けた》成長を続けるＵＳＪですが、ＴＤＲはその煽《あお》りを受けるどころか、ちゃんと集客を伸ばしていますよね？

その理由は、東京と大阪の間には交通費という「3万円の川」が流れているからです。両方のマーケットは分断されているのです。その川を渡って向こう岸に行く人の割合は、ＵＳＪ側から見ると実は全集客の1割にも満たないのです。

ならば、ＵＳＪの取るべき戦略はどうあるべきでしょうか？　業界のガリバーであるディズニーランドと差別化するために、ＵＳＪが関西マーケットで敢《あ》えてニッチ戦略を選ぶとしたら、それは愚の骨頂だとは思いませんか？

私は、マーケティングは実戦でのみ鍛えられる実践学だと考えています。本からの理論だけが先行するマーケターは、差別化という美しい戦術に憧《あこが》れて溺《おぼ》れることがありま す。差別化すること自体にこだわってしまい、本来の目的を見失ってしまうのです。

ちょうどチェスを覚え始めた人が、自分の得意なナイトをどう美しく動かすかにこだわってしまい、本来の「勝ち」から遠のいてしまうのと同じです。それが間違ったこだわりであることに、実際の戦場の匂いをたくさん嗅《か》がないことには気がつかないのです。

ビジネスは本質的な目的を正しく見据えることが大切です。戦略や戦術は目的次第で自由自在であるべきと私は信じています。

映画が大好きで大好きで、ユニバーサル・スタジオ・ジャパンにも何度も行きたくなる……。もしそんな私のような映画ラブな消費者が「十分な人数」マーケットに存在するのであれば、「映画だけ」のパークも戦略の1つのオプションとなります。

しかし、実際の世の中はそうなっていないんですね。USJが年間集客400万人のパークで良いならば、「映画だけ」にこだわるのもありだと思います。しかし、実際にそのレベルの集客では、これほどの巨大パークを維持運営することは不可能です。「映画だけ」を望む人々に対しては申し訳ないですが、私が「映画だけ」では駄目だと思った最大の理由がこれです。「映画だけ」にこだわっても、映画好きな人が年間に10回来てくれるわけでも、10倍のお金を落としてくれるわけでもないのです。

人がエンターテイメントを楽しむときに、映画コンテンツを見ている確率がどのくらいだと思いますか？　様々な指標はありますが、ざっくり言ってその答えは「約1割」です。つまり、1年で何かのエンターテイメントを10回消費するとしたら、9回は映画以外のことを日本人はやっているのです。

もちろん、1割でも数あるエンターテイメントの中での単独1位は映画なので、映画というのは最も大きなエンターテイメントのジャンルであることは間違いありません。だからどれか1つを選ぶとしたら、映画を選ぶのは正解だと思います。しかしそれでもエンターテイメント需要の1割しかカバーできないのです。

そもそも論として、9割を諦《あきら》めて1つを選ばないといけないと一体誰が決めたのでしょうか？　私は、人を元気にすることが使命のエンターテイメントの中で、映画も1つのフォーマットにすぎないと考えています。

映画とか、アニメとか、ゲームとか、コンサートとか、それぞれがフォーマットで、時代とともに新しいフォーマットが生まれてそれらの流行も入れ替わっていきます。江戸時代の日本では歌舞伎とか別のフォーマットが主流だったのです。

それぞれのフォーマットに個人の好き嫌いがあるのは当然ですが、まるでそれらの間に序列があるかのような議論はおかしいのではないかと思います。さも「映画は高尚だけどアニメやゲームはその下」と言わんばかりの認識にも閉口してしまいます。エンターテイメントの価値はフォーマットではなく「感動の大きさ」で決まるとは思いませんか？

そう考えると、1つのフォーマットだけに依存してブランドを構築することが、私にはどうしても賢明だとは思えなかったのです。むしろ、もっと広くて大きいエンターテイメントの世界の活力をそのまま取り込めるようなブランドの設計図が描けないものかと考えました。大切なのはゲストを感動させ、元気にすることであって、フォーマットをどれか1つに絞る必要はないのです。

ＵＳＪは世界最高のブランドを集めた「セレクトショップ」

私は「映画だけ」にこだわるブランド戦略は、不要であり、かつ非効率であると判断しました。世界最高のエンターテイメントは映画だけではありません。もっと広くて大きいのです。演劇、漫画、アニメ、ゲーム、音楽、スポーツなども、素晴らしいエンターテイメントなのです。それらのジャンル自体は、「人を感動させる」という目的を達成するためのフォーマット（形式）に過ぎません。映画は素晴らしい感動をくれますが、素晴らしく感動するのは映画だけではないのです。

そこで私は、映画というフォーマットにこだわってブランドを創るのではなく、エンターテイメントの原点である「感動」にこだわってブランドを創りたいと考えたのです。このパークを、「映画の専門店」ではなく、映画も他も含めて「最高の感動を届けるブランドを世界中から集めたセレクトショップ」にしたいと考えるようになりました。こだわるべきはフォーマットではなく感動そのものであり、その感動を生み出す「エンターテイメントの品質」にこだわってブランドを創る戦略です。

ちょうどファッションのセレクトショップ「BEAMS」とよく似たブランド構造です。店内にはBEAMSオリジナルも含めて様々なジャンルやブランドの商品が置かれていますが、全てはBEAMSブランドがこだわる「品質」によってクオリファイされています。

そう考えた私はユニバーサル・スタジオ・ジャパンの新ブランドキャンペーンを「世界最高を、お届けしたい。」とし、社内外でその認識の定着へと邁進《まいしん》することにしました。このパークに来ると「さすが！」と思われる高いクオリティーのエンターテイメントを実感できる。そうTVCMで宣言し続けることで、社内の人間が外部から期待の視線にさらされることは必要だと考えたのです。

USJは「映画だけ」にこだわることはやめました。しかし、映画を今後も軸として展開していきます。「映画だけ」は否定しますが、今後も「映画を軸として」大型アトラクションを展開する考えです。逆に言えば、素晴らしい映画のアトラクションを入れていくためにも、その高価な支出を支えるのに、映画以外のエンターテイメント・ブランドが必要になるということです。

まるで私が映画を憎んでUSJから撲滅しているかのように誤解した人から、「映画のパークを壊すな！」という匿名のメッセージをいただいたことは数回程度ではありません。しかし、そんな人たちに私はこう言いたいのです。

「究極の映画、ハリー・ポッターのテーマパークを建てることができるのも、あなたたちが否定するワンピースやモンスターハンター、エルモやハローキティなどの映画以外のブランドの奮闘で稼いだお金のおかげなんです！」

今のＵＳＪは、非常に慎重にブランドを選んでいます。アニメならアニメ、ゲームならゲームで、その世界で最高のブランドかどうか（これが集客力に直結します）。そして、それより更に大切なのは、**ユニバーサル・スタジオ・ジャパンならではの品質の付加価値が乗せられるかどうか**です。我々が料理する余地がどのくらいあるのか？　もし、我々の持つ品質が発揮できないならば、どこかのパークや遊園地で似たようなことをされても差別化できないので、ＵＳＪのブランド構築にならないのです。その勝算がない限り、そのブランドを用いてパークで何かをやることは決してありません。

実際のところ、この２つのハードルを越えられるブランドは決して多くはありません。アニメでは「ワンピース」、ゲームでは「モンスターハンター」など、強力なファンベースと、世界観とクオリティーがしっかりしているブランドに限られてしまうのです。なぜなら我々は「世界最高をお届けする」のが使命ですから。

よく理解していない方々から受ける「最近のＵＳＪは何でもありだ」という批判は、全くの的外れです。我々はこれからも、世界最高の感動を提供できるブランドのみにこだわって念入りに選んでいくのです。

お金がなくても感動は作れる！

入社したばかりの私はいきなり多忙のピークを迎えていました。ハリー・ポッターのテーマパークを建てる社内合意を得るための分析を進めながら、もう１つ大急ぎで進めなければならない案件がありました。

それはお金が使えない2011年度の「10周年」をどう生き抜くかという「10周年戦略」の立案と、その戦略を実現して行く戦術的なアイデアを詰めていくことでした。

「2011年度、記念すべき10周年にはお金がありません。しかし、ものすごく高い期待値が入っています（対前年比での集客プラス8％）。さあ、皆さん、どうしましょうか？」

マーケティング部で私がそんなことをプロダクト企画を担当する部下たちと話していたのは、その年（2010年春）に導入した宇宙をテーマにした屋内型コースター「スペース・ファンタジー・ザ・ライド（以下SFR）」の集客があまり芳しくないことに気がついていた6月、7月のことです。

このSFRは、極めて高いゲスト満足を作り出すコースターなのですが、集客的には目標に達していませんでした。このSFRの神通力で2010年度のみならず、2011年度も生き延びようと思っていたマーケティング部員たちの心を、大きな黒雲が覆い始めていたのです。

それまでのスパイダーマンやハリウッド・ドリーム・ザ・ライド（高性能ジェットコースター）の成功体験で、「ライドは当たる！」という思い込みに近い期待を持っていた社員は少なくなかったのです。当時3年計画で考えていた設備投資資金の大半をこの

SFRに費やしたのに、どうやらうまくいっていない。私が入社したのはまさにそのタイミングでした。

「10周年、金がない。さあ、どうする？」

外資系から転職したばかりの私は、こんなときに手を挙げて積極的に意見を言ったり、アイデアを発信する人間が非常に少ない（というかほとんどいない）、USJの社風に非常に驚いたものでした。

アイデアは消費者ターゲットに近くて頭のやわらかい若手の方が思いつきやすいはずです。そもそもマーケティング部はアイデアを出すのが仕事の部署なのに、その当時はいくら待っても革新的なアイデアが上がってこなかったのです。

どうやら社風として、自分が起点になって物事を変えるという文化はないようでした。みんな誠実で一生懸命働く人たちなのですが、創造性溢《あふ》れるアイデアを生み出すのが使命とは意識しておらず、与えられた作業を一生懸命やることが使命だと思っている人が多かったように思います。

アイデアや指示は全て上から降ってくるものだと思い込み、それに慣れきっている、そんな企業風土に私には見えました。

私はグレンが最初の面接で私に言った「自分がリスクを取って変えようとしない日本人」の意味をそこで実感したのでした。

彼らなりに一生懸命頑張っていくつかアイデアを出してくれましたが、革新的とは言えないものでした。

時間はありません。もう自分でやるしかないと覚悟しました。

その当時の10周年企画チームの部下に、私よりも年齢は上なのにいつまでもミーハーで若い世代が興味を持つようなエンターテイメント分野をよく知っている人がいました。消費者情報の引き出しが非常に多い彼にアイデアを投げながら、様々な10周年のプランを一緒に立案していくことになりました。

私はアイデアを生み出すにあたり、いつものようにその必要条件を深く考えて整理することから始めました。そのときの私のメモが残っていますので、当時の必要条件をそのまま列挙してみます。

〈10周年の傘になるアイデアの必要条件〉

①　10周年だから例年にはない何か特別な体験があるにちがいないという消費者の期待を、さらに煽《あお》ることができる。

②　大人にも子供にもアピールすることができる十分な「広さ」を持つ。

③　追加の設備投資予算が全くないので、いわゆるキャピタルを一切必要としない。

④　パークに既にある資産の活用や、年間を通じてニュースを注射し続けるのに適して

いること。

この4つを満たす「なぞなぞ」の答えをいくつかチームと思案して、「USJの10周年、ハッピー・サプライズ！」という傘になるコンセプトをまず決めました。

「ハッピー・サプライズ！」の意味するところは、「10周年は特別だからいつ来ても予想を上回るワクワク・ドキドキな驚きを体験できますよ」ということです。それを伝えて行く認知形成の軸として、老若男女を問わず好感度の高いタレントのベッキーさんに、10周年大使をお願いすることにしました。そして10周年のテーマ曲はGReeeeNさんに作ってもらうことにしました。

ここまでは比較的順当に決まっていきました。しかし、肝心の課題が残っていたのです。

「ハッピー・サプライズ！」のネタはお金がないのにどうやって作るの？という課題です。目標の昨年対比プラス8％の集客を達成するのに、「ハッピー・サプライズ！」を具現化する戦術的なアイデアがなければ、絶対に失敗するのです。

私は深く深く悩みながら考えていました。「ハッピー・サプライズ！」のネタになるアイデアの必要条件を……。これも当時のメモをそのまま転写します。

〈10周年「ハッピー・サプライズ！」の各種ネタの必要条件〉
① 追加のキャピタル（設備投資費用）が必要ないこと。
② 「ハッピー・サプライズ！」のコンセプトに沿った「驚き」があること。
③ ターゲット消費者を広くとってゲスト満足と集客のテコになるか、あるいは特定のファンベースに強くアピールすることで十分な集客になること。

その時点で思いついた右の条件を満たすアイデアは以下のとおり……。

●「アトモスフィア・エンターテインメント」（以下アトモス。ストリート・パフォーマンスの一種）を強化して「ハッピー・サプライズ！」をパーク中に演出する。
●「トリックアート」（目の錯覚を利用した絵などの作品）をパーク中に10個くらいちりばめる。
●当時ひっそりとやっていた「ワンピース・プレミアショー」に大々的にTVCMをあてて売り出す。

アトモスの強化は、設備投資用の金がないことから帰結する当然の結論でした。固定費支出ができないなら、変動費支出（人件費）で生き残る作戦です。

当時のUSJは、ゲストが路上で偶然出くわすこのアトモスにそれほど重点を置いてはいませんでした。しかし、アトラクションからアトラクションにゲストが移動する際に、テンションを上げるアトモスの効果は非常に高いと私は思いました。やり方をもっと効果的に変えれば、ゲストの期待を大きく上回る文字通りの「ハッピー・サプライズ！」になり得ると思ったのです。

10周年で強化開発したアトモスの代表的な例としては「フラッシュ・バンド・ビート」があります。これは、仕事をしているように見えるクルー（当パークの従業員）が、楽器を突然鳴らし始め、それに驚いた別のクルーが寄っていくと別の楽器を鳴らし始め、それを見て驚いているゲスト（仕込まれたプロのパフォーマー）が次々に、楽器の見事な演奏で加わったり、突然狂ったように踊り始めたり、気がついたら見事なグループでのダンスと演奏のパフォーマンスになっている、というアトモスでした。

当時はほとんどの人が知らなかったいわゆる「フラッシュ・モブ」です。ただし、TVやネットでよく見る素人芸とは全く次元の違う、ユニバーサルが一流のプロのみを使ってクオリティーにこだわったものすごいエンターテイメントです。これを予告なしにいきなり路上で始めるので、ゲストたちは「え！　一体何が起こっているの？」という新鮮な驚き（ハッピー・サプライズ！）に包まれます。

このフラッシュ・バンド・ビートは調査で驚異的なゲスト満足を記録しました。それは通常規模を持ったアトラクションよりもはるかに高い満足度だったのです。

必ずしも金をかけなくても、アイデアで感動は作り出せる！　それはまさに「ハッピー・サプライズ！」でした。このような強力なアトモスをパークのあちこちに仕込んで、

「何回来ても、毎回違う驚きがある」という10周年の体験価値を整備していったのです。

トリックアートも、当時はまだそんなに知られていませんでした。実際に見たことのある人の割合は非常に少ないという市場分析から出てきたアイデアです。世界中から一流のトリックアーティストを招聘《しょうへい》して、パークのキャラクターや建物をモチーフとしたトリックアートのデザインを、ほぼ全て新しく描いてもらいました。

肉眼で見てもその錯覚に驚くのですが、私が注目したのは携帯やカメラの画像に落としたときのものすごい錯覚効果でした。これは必ず素晴らしい「フォト・オポチュニティ（パーク内の撮影ポイント）になる！」と思ったのです。日本人は特に写真を撮るのが大好きなので、パークを歩いていると、こういう驚きの写真を撮れるポイントがあちこちにあったら、その都度「ハッピー・サプライズ！」を実感してもらえるなーと考えたのです。

そこで、トリックアートの多くを、ゲストが写真の中に加わることでアートが完成する「参加型」のデザインにするようにしました。その方が客観的に見るよりも、体験価値として絶対に面白いと思ったからです。こうやって10周年のパークには、意外性と驚きに満ちたアトモスに加えて、約10カ所のトリックアート撮影ポイントがちりばめられました。

手を貸してくれ！　ワンピース

そして10周年の主役ともいえるのが、マンガの最強ブランド「ONE PIECE（ワンピース）」でした。

消費者ターゲットを広くとって、そこに響くコンセプトを訴求して、広く（相対的に薄く）集客していくのは、テーマパークならずとも大型集客施設には常道の戦略です。しかしこの世の中には、狭い特定のファンベースにもかかわらず、ものすごいファン数を持っているブランドがあります。

入社直後に、私はそういう強力なコンテンツがないかを調べていました。そこで浮上したのがワンピースです。ワンピースは当時通算2億冊の漫画単行本を売っていた最強レベルの人気ブランドでした。

「これはぜひともパークでイベント化すべきブランドだ」

興奮して私がつぶやくと、そばにいた部下が申し訳なさそうに言ったのです。

「あの、それ、もうここでやってますよ」

「なにー？」

なんと驚くことに、ワンピースは既にパークの中にあったのです。ＵＳＪは数年前から夏期間限定で、ワンピースの世界を3次元のリアル（実際の役者を使った演劇）で追求したライブ・ショー「ワンピース・プレミアショー」をやっていたのです。

本当にびっくりしました。なぜ私が気がつかなかったかといえば、大々的に宣伝をかけずに「ひっそりと」やっていたからです。なぜひっそりとやっていたかといえば「映画だけのパーク」の呪縛《じゅばく》によって、アニメ作品を大々的にアピールすることを無意識に避けていたからです。当然ですが、そのショーの認知度を調べてみるとものすごく低いものでした。

私はその夏に開催されたショーを実際に見てみました。そこで確信したのです。

「このショーはもっと劇的に売れる！」

ワンピースが大好きなファンを感動させるために、ハリウッドのスタント技術や映像技術を駆使したショーの開発に本気で取り組み、非常にゲスト満足の高いショーを行っていたのです。USJのワンピース・プレミアショーは、知る人ぞ知るクオリティーの高いショーだったのです。

私は即座に関西地区を中心にTVCMを入れることを決断しました。こんなに素晴らしい満足度のショーをもっと多くのワンピースのファンに知ってもらいたい。もっと多くのゲストにパークへ来場してもらいたいと願ったからです。

ワンピースの推定されるファン数と、実際の認知度を見比べたときに、私はこれはもったいない！（チャンスだ！）と思いました。ポテンシャルがあるのに認知が低いのなら、ある一定の認知度になるまでビジネスは直線的に伸びて行きます。夏場のショーの回数はもっと増やせますし、もっと多くの人を元気にできるはずです。そして多くのまだ知らない人にとって、ＵＳＪにワンピースのすごいショーがあるというニュースは、立派な「ハッピー・サプライズ！」になるはずです。

私は即座に当時で60巻ほどあったコミックを大人買いし、子供にちょくちょく解説してもらいながら読破しました。ＤＶＤも全て見て、アニメーションの機微も理解しました。私が理解したかったのは、ワンピースのストーリーや世界観だけではなく、ファンの皆さんがワンピースの何に惹《ひ》かれて何を大切に感じているのか、というファンの心の奥底です。

私がワンピースをファンの視点で理解しないと話にならないのです。より面白いショーも作れませんし、15秒でファンの心を鷲摑《わしづか》みにするＴＶＣＭも作れないのです。猛勉強を終えた私は、例年以上の製作費をこのワンピース・プレミアショーに注ぎ込むことを決めて、プロジェクション・マッピングなどのＵＳＪの先端技術でショーの品質を更に向上させることにしました。

こうして、10周年の計画は定まっていきました。追加の設備投資予算を全く使えない極度の金欠の中で、10周年はパークが始まって以来、非常に珍しい新設大型アトラクションが全くない年となりました。

「〝ハッピー・サプライズ！〟に満ちた特別な1年が始まる」という訴求で製作したベッキーさん主演のＴＶＣＭも非常に完成度高く出来上がり、そのＴＶＣＭの事前調査で来場意向のスコアを測定しながら、私は少しずつ自信を深めていきました。

「これならいけるかも。新アトラクションはなくても昨年対比プラス8％を達成できるアイデアは揃えたはずだ」

もちろん、実際はやってみるまでは何が起こるかわかりません。確実なことはこのテーマパーク業界では何もないのです。しかし私は、常に疑い続ける自分自身を胸の奥に潜ませながら、周囲に対しては「絶対に大丈夫、自信を持って進めなさい！」と敢《あ》えて断定口調でポジティブなメッセージを発信することにしていました。

その歩いている一歩一歩が正しいんだ！　と思えないと、自信を持ったよいエクセキューション（実際のプラン＝この場合はショーやイベントの品質）を現場が作ることはできません。腹の底の弱気や心配は絶対に周囲に悟られてはならない、誰かが言い切らないといけないのです。

そしてカレンダーは２０１１年となり、絶対に負けられない10周年がついにスタートしました。

そうしたら、まさにその矢先に、胸の奥底にあった心配が悪夢のような現実になりました……。

10周年のスタートで大転倒。震災自粛ムードを吹き飛ばせ！

10周年イベントが華々しくオープンしたのが２０１１年3月3日でした。1週目はそれはそれは素晴らしい集客とゲスト満足の出足でした。私は緒戦の推移に更に自信を深めつつありました。

そうして迎えた3月11日、私はUSJの会議室で大きな横揺れを感じました。揺れはしばらく続きました。即座にパークのライドを止めて、ゲストの安全確保にクルーが適切に動いているか確認するために部屋を出ました。

そのとき目に飛び込んできたTVの映像に息を呑《の》みました。それは東北の街が津波に呑み込まれていくシーンだったのです。大きな揺れだったので、てっきり震源はこの大阪に近いと思っていたのですが、まさか東北沖が震源で、こんなに離れた大阪があんなに揺れるほどの地震だったとは……。

その後はパーク内の安全を最優先で確認し、次々に映し出される惨劇の映像に心を痛めながら、我々はパークとしての被災地への支援プランを早急に固めていきました。

そして、翌日からパークに人が来なくなりました……。

私の頭の中はしばらく真っ白になりました。人々は、何万人という尊い命が失われている中で、あまりに大きな悲しみと衝撃に、テーマパークで笑顔になるような気持ちにはなれなかったのです。喪に服したい気持ちは私もよくわかります。衝撃が落ち着くまでは仕方がないと数日は思っていました。

しかし、いっこうに客足が戻らないどころか、どんどん人が来なくなっていきます。

東北や関東からのゲストの落ち込みは当然としても、関西のゲストの落ち込みも同様にものすごく激しいのです。それに加えて、あの原発の放射能漏れの影響で、海外からのゲストが全くの壊滅状態になりました。外国からの予約はほぼ全てキャンセルになりました。外国人から見たら、原発と大阪の距離に関係なく、日本は同じ日本なのです。

集客の落ち込みは、4月に入っても収まる気配すらなく、むしろ日本中が「自粛ムード」一色に染まっていったのです。10周年が始まったこの時点で、計画値に対してあっという間に何十万人もの集客を失いました。

この規模の損失は、誰の目にも、10周年の集客目標がこの時点で達成不可能になったと見えたのです。10周年の成功を信じて進んできたプロジェクトチームの落胆は激しく、しかしこれほどの国をあげた大災害が原因なので、その落胆をぶつける相手もいない、ものすごく複雑で重い空気に社内は呑まれていったのです。

そんな中で私だけはまだ諦《あきら》めていませんでした、というよりも諦めることができなかったのです。私はこの会社に来て以来、自分で描いた会社の成長戦略をグレンと株主に押しまくって会社にリスクを取らせた代わりに、ハリー・ポッターまで必ず連続ヒットを打ち続けることを誓った張本人なのです。

私は寝ても覚めても、関西の自粛ムードを吹き飛ばす策を考えていました。失った数十万人にも及ぶ絶望的な数字を、残りの10周年の期間中に取り戻すための追加の施策を考えていました。

必死で考えて考えて、自分の犬歯の先が欠けてしまうほど考えていました（考えに熱中しすぎてパークの街灯に無防備に顔をぶつけたら歯が欠けました）。毎朝鏡に映る自分に、「絶対に何かあるはずだ！　それがあるのにおまえが見つけられていないだけだ！」と暗示をかけて、弱気になる自分を騙《だま》しながら、パークを歩いてひたすら考えていたのです。

マーケティング部員全員にもこのときに指令を出しました。

「ワンピース並みの集客規模を達成する追加施策を最低でもあと4つは打ち込まないと、10周年の失敗どころか、このまま行けば会社は倒産します。この大震災と原発事故を受けた後の集客トレンドは、そのくらいヤバい危機です。死に物狂いで全ての人がアイデアを緊急に捻《ひね》り出して下さい！」

みんな頑張ってかなり多くのアイデアを絞り出し、なかなか良いアイデアも出てきましたが、大逆転できるほどの斬新《ざんしん》なアイデアはありませんでした。時間だけが刻々と過ぎていきました。

自粛の流れを断ち切って「ＵＳＪに行くことを肯定する」何らかのカンフル剤を注射する必要があることは明らかでした。私は、いつまでも自粛ムード一色が続く日本に違和感を覚えてきました。あちこちのイベントが自粛によって中止され、個人消費も落ち込んでいく様子を見ながら、被災地のためにはそれ以外の地域が頑張って日本の経済を支えないといけないのに、節電の必要がない関西が頑張って日本を元気にしないでどうするんだ、と思っていました。

ユニバーサル・スタジオ・ジャパンの使命である「人を元気にする力」を重ね合わせて何かできないだろうかとひたすら考えていたのです。こういうときは、強力で即効性のあるプロモーションを打ち込むのが定石ですが、どういう切り口のプロモーションを、どういう体裁で打ち出して行くのか？　それをひたすら考え続けていたのです。

このときのアイデアの必要条件はこのようなものでした。

①　自粛ムードの潮目を変えることができること。大震災の衝撃で心を痛める繊細な日本人の心に、「関西から日本を元気に！」というメッセージを「なるほど」と肯定的に受け入れてもらえるやり方で、反感を買って逆効果に陥らないこと。

②　第1四半期の残り（GW後から6月末まで）の1カ月半でワンピース並みに集客できること。

③　追加のキャピタル（設備投資費用）が必要ないこと。

②と③をクリアできるアイデアはいくつか思いついたのですが、最大の難問が①でした。この施策の肝は自粛ムードの潮目を変えることにあります。それに失敗すると、そ

の後も消費者が自粛している中に何を打ち込んでも集客効率が悪いので失敗します。そうなると瀕死《ひんし》のキャッシュフローの傷口がますます広がってしまいます。

どうやって「そうだ、関西から日本を元気にしないといけない」という認識を素早く広げるのか。悩み続けていたある日、幹部社員が何気なくしている会話をたまたま耳にしました。

「橋下徹《はしもととおる》大阪府知事（当時）が昔、何とか大阪府下の小学生を全員USJで遊ばせられないか？ と発案されて、かなり真面目に検討したことがあったなあ……」

何気ない昔話だったので、先の3項目を強く意識していなければ、私がその瞬間にピーンとくることもきっとなかったでしょう。

しかし私はひらめいたのです。求めていた条件①を満たすアイデアを、ついに思いついたのです！

即座に私は「関西から日本を元気にしたい。関西の子供をUSJに無料で招待します。いっぱい笑顔になりに来て下さい」というコンセプトを作り、その需要予測を走らせました。それと同時に、このキッズフリーのアイデアで潮目を変える方針で、社内を説得して回り始めたのです。

このキャンペーンは、大人一人につき子供一人を無料にするという大胆な施策だったために、USJの出血の傷口がさらに拡大することを恐れたグレンや幹部の間からギリギリまで強い反対を受けました。「10％オフはどう？」「せめて半額で！」といった意見が多かったのです。

しかし、短期間で自粛ムードを吹き飛ばすには「無料」という強さが必要だと思っていたので、頑としてキッズフリーにこだわりました。このまま続くであろうものすごい集客減のせいで、テーマパークの地獄ラインを踏み抜いた大出血の現状を打開するために、この施策が絶対に必要だと、私は蛇のようにしつこく幹部を説いて回りました。

子供一人分をタダにしているので、儲《もう》ける余地はほとんどありません。それでも一定数のゲストでパークを埋めれば、今のマイナスの出血を少なくとも止めることができる。一定数以上くれば経営的にも大きなプラスとなるのです。

一定数を下回れば傷口は更に拡大しますが、夏に入る前のこの時期に自粛ムードの潮目を変えておくことが何よりも戦略的に重要だと私は思いました。「ＵＳＪに行くことは正義なんだ」という前提にしておかないと、その後に打ち込む予定の追加施策がどれもこれも失敗する恐れがあると思ったのです。

10周年の負けを認めて守りに入るのではなく、この出だしの負けを取り戻して10周年に勝つためには、そうやって攻めて、夏以降の追加施策に希望を繋《つな》ぐしかないと、そのように熱く信じていたのです。車を運転していて事故を起こしそうなときに、普通は皆ブレーキを踏みながらぶつかりますが、時と場合によってはアクセルを踏んで衝突事故そのものを回避することだってできるのです。

絶対に赤字にはしないと宣言する私に、最後にグレンが静かに言いました。

「失敗すると思うが、あなたのやりたいようにやってみなさい。その代わりどんな結果が出ようと言い訳だけは絶対にしないように」

社内合意をまとめた我々はその足で橋下大阪府知事（当時）へのお願いに向かいました。かつての知事のアイデアから発案した経緯を説明し、このキャンペーンの発信者となって下さるようにお願いしました。関西から日本を元気にする大義に強く賛同された知事は、定例のプレス会見の中で力点を置いてこの施策を発信して下さいました。

橋下知事のメッセージをメディアが最初に報道した直後から、我々は突貫で製作した「スマイル・キッズフリー・パス」のTVCMを放映開始したのです。

すると……。

GW前までの地獄の集客トレンドがまるで嘘のように、パークに子供を連れたご家族がたくさんたくさん来てくれました。やがてキッズフリーの対象者以外のゲストもパークにどんどん戻って来ました。

潮目は変わったのです！

このケースは、USJが自分で口火を切るのではなく、大阪府の知事から発信していただいたおかげで公共性の高いメッセージとなり、人々に素早くしかも好意的に伝播《でんぱ》できたと私は考えています。

これによって、夏の追加施策を打ち込むチャンスが出てきました。一度は消えたように見えた10周年の成功に、ふたたび小さな希望が見え始めたのです。キッズフリーの大成功が確実に見えたときに、グレンが私の席までわざわざ来てくれて、「自分が間違っていたことを非常にうれしく思う」と声をかけてくれました。

しかし、喜んでいる暇は全くありませんでした。春の負けを取り戻す算段はまだ何も確定していなかったからです。

人こそ最強のアトラクション！　ホラー・ナイトでゾンビが踊る

キッズフリーで当座の潮目をたとえ変えたとしても、10周年の成功は風前の灯火《ともしび》でした。なぜなら春に失った数十万人もの巨大な集客損失を2011年度のどこかで取り戻して借金返済しない限り、10周年はそのまま失敗するのです。キッズフリーに続く、ワンピース並みの強い集客のアイデアをあと3つは捻《ひね》り出さないといけません。

私が整理した追加施策の必要条件は以下の通りでした。

①　ワンピース並みの集客力を発揮するアイデアであること。
②　時間的に10周年度内の実現が可能であること。
③　キャピタル（設備投資費用）は使わないこと。

ここで私は、これらの条件にあてはまるアイデアを発想する前に、条件をさらに絞って考えていきました。

春の大コケを前提にすると、残された3つのシーズン（夏、ハロウィーン、クリスマス）のそれぞれを、予定よりも大成功させるアイデアだと非常に都合が良い。全く新しい何かを追加するアイデアも素晴らしいですが、既にやる予定になっていたシーズナルイベントが予定をはるかに超える大成功になれば、ものすごく都合が良いのです。

会社の経営資源、特に「時間」と「人」を分散させないで運用することができるからです。シーズナルイベントをやりながら、別イベントを追加してやるよりも、単純に要素が少なくなるので、人・時間・金を集中できるということです。

その中でも第一優先でアイデアを考えるべきと判断していたのが、ハロウィーン・シーズンでした。夏、ハロウィーン、クリスマスの3シーズンで、パークの歴史的に最も弱いシーズンがハロウィーンだったからです。

それまでのUSJのハロウィーン・シーズン（9月中旬から11月初旬まで）は、昼間のハロウィーン・パレードを主な目玉として集客していましたが、ハロウィーンのためにパークに来たというゲスト（ハロウィーン・イベントをやっていなければ失ったであろう集客数）を厳しい見方で計算すると、例年7万人程度しか獲得できていなかったのです。

これは何十万人を集客する「夏」などと比べても非常に低く、正直なところ昼間のパレードのコストもそれだけでは回収できない赤字のシーズナルイベントだったのです。

ハロウィーンを強化できれば、つまりマイナス1をプラス1にすることができれば、プラス2のインパクトがあります。目的として非常に都合が良いなと思いました。

私はアイデアを考えるときは、まず目的を徹底的に吟味して定め、その次にアイデアが満たすべき「必要条件」を一番時間をかけて考えます。そしてその必要条件を組み合わせ、より条件を絞り込んで、自分が必死に思いつくべきアイデアの輪郭をできるだけ明確に絞り込んでいきます。具体的なアイデアを考え始めるのはいつも最後の最後なのです。

ちょうど宝を探すときに、その土地を隅から隅まで手当たり次第に掘り起こすのではなくて、まずはじっくりと宝が埋まっている場所を徹底的に推理して、ある程度の当たりをつけてから初めてスコップを動かすのと同じ手順です。

私の左脳は「ハロウィーンに宝が埋まっていると思って掘るべし！」と言っていました。そこから私の具体的なアイデアを生み出す努力がようやく始まりました。

まず、ハロウィーン・イベントの追加集客数の目標を例年の7万人から倍の14万人に設定しました。これは正直言って願望を先行させて決めました。春の大コケを取り戻すために、何とかプラス7万人くらいはハロウィーンで稼いで欲しかったからです。

例年のハロウィーン・イベントの集客を倍増させる訳ですから、今までの延長線上にはそのアイデアはないと最初からわかりました。昼間のパレードとは次元を画す、飛躍的手段が必要になる局面です。私は、ハロウィーン・イベントの魅力を倍増させる「新しい価値」をどう作り出すのか、そればかり考えました。ハロウィーンならではのユニークさというものをこのパークはまだ作れていないと思ったのです。それを作らないことには、ハロウィーンの時期にパークにゲストが来る理由がないじゃないですか。

価値を生み出すアイデアの切り口は、経験上ほとんどの場合は「消費者理解」の中に埋まっています。私は手がかりを求めて「日本人にとってのハロウィーン」に関する様々なデータや資料を読み込んでいきました。更に、過去に当パークで行った様々なハロウィーンの企画と集客の関係も調べ上げていきました。そして日本人のハロウィーンに対する認識を理解すればするほど、自分自身がアメリカに住んでいたときに楽しんでいたハロウィーンのそれとは、大きな違いがあることに気がつきました。

日本人がハロウィーンを楽しみ出してから、わずか10年程度です。当然、日本人の多くはハロウィーンという西洋のイベントが何なのかわかっていません。

私は前職で米国シンシナティに数年間住んでいました。毎年本場のハロウィーンを家族で楽しむことができました。アメリカ人にとってのハロウィーンは、もともとは日本のお盆のように死者の復活に絡んだ宗教的習慣だそうですが、1年間の中でほとんど唯一の「非日常のお祭り」なのです。誰もが羽目を外していつもと違う自分になりきって楽しめる祭りです。

子供たちは思い切り奇抜な仮装をして「トリック・オア・トリート（何かくれないとイタズラするぞ！）」と言いながら夜に家々を回り、お菓子をもらいながら練り歩きます。夜に出歩いたり、歯や健康に悪いジャンキーなお菓子をたくさん食べたり、日ごろは親に禁止されていることが公然とできるお祭りです。

ハイティーンより上になってくると、同世代で集まってハロウィーン・パーティーで良からぬことも含めてドンチャン騒ぎをします。日ごろは親が顔をしかめるようなことをいっぱいできる非日常、清く正しく堅実な日常の中では抑圧されたダークサイドを表に出すことが認められるお祭りなのです。

ですから、悪魔や魔女や死体やゾンビやガイコツといったダークサイドの仮装がたくさん登場します。ならば日本のハロウィーンも、清く正しい自分の裏側、つまり「ダークサイドを楽しむ非日常」でのストレス発散ということになれば、もっとユニークで刺激的なシーズンになるのでは、と私は思ったのです。

この楽しみ方は日本人なら尚更《なおさら》ウケるだろうという見込みもありました。日本人の方がアメリカ人よりも、日ごろから清く正しくふるまわなければならないストレスを溜《た》め込んでいる可能性が高いと思ったからです。

一般的に言って、特に日本の女性は、アメリカの女性ほどには、感情を表に出すことも、言いたいことを言いたいように言うこともありません。大きな声で騒ぐ機会にも恵まれていません。だから、アメリカ的ハロウィーンの良さを凝縮して、特に日本の女性のために、新しいハロウィーンの楽しみ方を提供しようと思ったのです。素の自分に戻って、自由に叫んでストレスを解消できるシーズン、パークにとっては1年で唯一ダークサイドのプロダクトを前面に出して集客するシーズンへ変えてみようと思ったのです。これが私なりに考えたハロウィーン・イベントの新しい価値の提供です。今までの昼のパレードとは全く路線の違う、シーズナルイベントの追加集客倍増14万人を達成するための飛躍的手段です。

具体的なプロダクト（パークの中でゲストが体験するもの）をどうしようかと、過去にパークで開催されたイベントの映像を片っ端から見まくりました。そして山とあるビデオの中で、ある小さなイベントに目が留まりました。

年間パスを買っているＵＳＪのファンを主な対象に、別料金（４０００円程度）でゾンビに遭遇するイベントをひっそりとやっていたのです。数年前からやっている全くもって小さなイベントだったのですが、ホラー映画から始まったユニバーサルの特殊メイク技術と演出のおかげで、そのゾンビのクオリティーはものすごく高いものでした。ゲストの女性たちは本気で怖がって絶叫していました。

きました！　アイデアが降りてきました！

私の頭に鮮やかなイメージが浮かんだのです。この狭いエリアに閉じ込められているゾンビを、パーク中に解き放つ！　しかも大量に！　パークをゾンビで埋め尽くすのです！

やはり見つかるべくして「宝」は見つかるものです。これしかないと私は確信しました。

しかも、ゾンビは何体雇っても設備投資は必要ありません。「人（ゾンビ）こそ最強のアトラクションになるはず」と私は考えました。

私の頭の中で生み出されて整理されたアイデアは、「ハロウィーン・ホラー・ナイト」として実現されました。夜になると、パークの多くのエリアをゾンビがゾロゾロ徘徊《はいかい》するホラーエリアに転換し、ゲスト（特に女性）はゾンビに遭遇して思い切り「キャー！」と叫べる空間を作ったのです。いわば、パーク全体をお化け屋敷にするようなものです。お化け屋敷が大好きな多くの日本女性に、これは当たると直感しました。

昼間の明るく楽しいパレードとは対照的な、夜のダークサイドな「コワ楽しい」体験で、ハロウィーン・シーズンに来場する消費者の理由は確実に強くなるだろうと思いました。そして需要予測を走らせて、14万人のシーズナルイベント集客を超えていく自信を数学的に深めていったのです。

ベッキーさんに出演していただいて、コワすぎるハードコアなホラーではなく「コワいけどとっても楽しい！」企画の意図を伝えるTVCMも製作し、オンエアしました。恐ろしい顔をしたおびただしい数のゾンビたちがパークに解き放たれ、ゲストを追い回すのです。日本の大型テーマパークで、これ程の規模でダークなコンテンツを訴求した例は、これが初めてだと思います。

そして実際のハロウィーンの集客がどうなったのか？　そのフタを開けるまさに直前に、私が何を考えてどう感じていたのか、当時の実際の日記が残っていますので一言一句をそのまま転載します（私はパークで働く全従業員に向けて社内ＳＮＳを使って日記を配信しています。この日記は当社でアルバイトをすれば誰でも見ることができます。会社が何を考えてどこに進もうとしているのかを組織の隅々まで伝えて、従業員の意識を変えて行く目的で10周年開始直後から始めました）。

日記：２０１１年9月22日

いよいよ今日ハロウィーン・ナイトのドレリハ（ドレスリハーサル）です。
今日は長男の誕生日なので部下の皆さんに代わりに
見に行ってもらいますが、本番の明日《あした》はこっそり見に来ようと思っています。

いやー、楽しみでもあり、心配でもあり、
ドキドキしますねー。

家内が職場の同僚の多くにハロウィーン・ナイトについて
あれこれ聞かれて、クルー・チケットを求められるそうです。
なので「集客は相当うまくいくんじゃないー？」とか
気楽に言ってくれています。

しかし、そんなに簡単な問題ではありません。
もし仮に集客がうまく行かないとしたら、
あのゾンビ出現のシーン（ＴＶＣＭの話）によって怖がって来なくなる
インパクトが調査よりも遥《はる》かに多かったことになります。
やってみないとわかりませんが、私はこの可能性はかなり薄いと
計算しています（だから実施を決断したのですが）。

さて、私の懸念はむしろ集客がうまく行った場合の話です。
ＧＳ（ゲスト満足度）を高く担保できるか？
ゲストを期待以上に満足させられるのか？
もちろんエンタ部が必死に頑張ってくれていますので
うまく行くと思っています。

しかし、もし仮に夜の8時で3万人を超えるゲストが残っていたら？
彼らがホラーゾーンに殺到したら？

今回は2万人くらいまではGSが担保できるように
設計していますが、多すぎる集客になった場合、
果たして一人当たりの体験価値がどこまで薄まるのか？
かと言って、3万人強を想定してコンテンツの密度を用意して
そこまで集客できなかった場合の赤字は経営を危うくします。
一回やればどんなものかわかるのですが、
ホラーナイトを無料開放するのが初めての今年の場合、
やってみないとわからないわけです。

そのやってみないとわからないところ、
これがもうたまらなくワクワクするのです。
自分の考えた戦略を世の中に投げかけて
その反応がどう出るのか？
これがわかる瞬間の高揚感ったら麻薬的です。
（ちなみに麻薬は経験ありませんよ）

ここでああだこうだと心配を晒《さら》して皆さんを不安にしたい訳ではありませんが、この蓋《ふた》を開ける瞬間に私が何を考えてどう感じているか、お伝えしようと思いました。

はっきり言うと…
この3連休、私は予想を上回るゲストの来場を予測します。
なのでオンセット（会場）のクルーの皆さん、
エンターテイナーの皆さん、
少しでも多くのゲストとの接点を作って
GSを担保する方向へ全力を尽くして下さい。

今年のハロウィーンナイトの満足度が来年以降の秋の集客を決定します。
ゾンビも、スーパーホラーゾーンも、ラプトルも出撃しますが、一番大切なのはクルー一人一人のPIA（USJのクルーがゲスト一人一人と1対1の人間関係をつくるように積極的に話しかけるUSJ独自の取り組み）です。

くれぐれも宜《よろ》しくお願いします。

明日、私はゲストに紛れて祈ってます…。

森岡

需要予測を現実が超える瞬間

ハロウィーン・ホラー・ナイトを開催して迎えた初めての土曜日、私は電車で会社に向かいました。

大阪駅からなぜだか電車がとにかく超満員で、ユニバーサル・スタジオ方面行きの電車になかなか乗れない。やっとユニバーサルシティ駅に着いたら今度はホームにまで人がいっぱいでなかなか下車できない。その人の海は改札口を越えてパークのゲートにまでずっと繋《つな》がっていたのです。チケットブースや入場ゲート付近のスペースでは収容しきれない圧倒的な数の人々が、何重にも待ち列を折り返して大きなうねりとなって駅までトグロを巻いて続いていたのです。

大阪の舞洲《まいしま》の近くにある我がパークに来たはずなのですが、間違って舞浜《まいはま》に来ちゃったのかと思いました（笑）。全身の毛穴から興奮が細い矢になって噴き出すようでした。

「よっしゃー！」

私は心の中で絶叫しました。

そしてその次の瞬間、走り出していました。需要予測を明らかに超えているこの状況では、混乱が起こるかもしれない。ゲストの安全確保と一人当たりの満足が薄くならないように、クルー（従業員）を増員したり、ゾンビの数を増やすなどの対策を一刻も早く打たねばならない。焦る思いで携帯から各担当者に指示を出しながら、オフィスに向かって全力で走ったのです。

この日のハロウィーン・ホラー・ナイトを楽しみに夜の時間に残っていた実際のゲストは、想定の2万人どころか、なんと3倍の6万人にも及んだのです！　需要予測を現実がはるかに超えた瞬間でした。

ハロウィーン・ホラー・ナイトは、ずっと7万人程度で赤字だったハロウィーン・イベントを大きく黒字化させる倍増目標14万人をはるかに超え、なんと追加集客数で40万人以上を集客することに成功しました。

これは何十億と投資した大型アトラクションが年間を通じて集客する数字よりも多い数を、約2カ月の間に集客してしまう凄《すさ》まじい需要創出となったのです。

第3章　万策尽きたか！　いやまだ情熱という武器がある

モンハンを呼ぶにはモンハンを知り尽くすこと！

常に戦略を練り、アイデアを固めてから動き出すのが私のスタイルですが、戦略が全てではないというお話もしておきましょう。

カプコンのゲームブランド「モンスターハンター」については、2011年の年初あたりから、USJでイベント化できないかと可能性を考えていました。

それまでは、自分の上の子たちが熱くプレイしているゲームだという認識程度だったのですが、2010年の年末に世の中で流行《はや》っている人気エンターテイメントをインターネットで調べていたときに（私は定期的に自分自身でこういうトレンドを詳しく調べています）、モンスターハンターというブランドが圧倒的に巨大であることを知ったのです。異様に多くの熱狂的ファンベースを持った、文字通り怪物のようなゲームブランドであることに気がついたのです。

カプコンさんが生み出したそのブランドは、アクティブなファンベースが全国に「余裕の何百万人」も存在することが私の手計算でもすぐにわかりました。これはパークにとってぜひ注目すべきブランドだと思った私は、モンスターハンターの世界観や何がそんなに面白いのかを理解するために、彼らのファンサイトや様々な評論にあれこれ目を通して、いちいち感心したことを覚えています。その高いクオリティーゆえに一人一人のファンとの間に、特別な感情的な繋がりを構築している強いエンターテイメント・ブランドであることがわかったからです。

何よりコンセプトが素晴らしい。私の勝手な解釈ですが、モンハンは単にモンスターと戦うアクション・ゲームではなく、もっと大きくて深い「人を冒険に連れ出す」ゲームだと感じました。「非日常」のコンセプトがぶっとく真ん中に通っている。その非日常の感動世界を作り出すアートディレクションがこれまた素晴らしい！

大きなアートディレクションから細部に至るまで、作り込みに携わる人々の執念が伝わり、地形やキャラクターなどが美しいだけでなく、場面切り替え時の記号や、1つ1つのアイコンに至るまで、アートディレクションは一貫し、クオリティーが徹底されています。

才能溢《あふ》れるゲーム音楽の品質の高さにも非常に驚きました。目指している世界観をここまで壮大で個性のある音に練り込んだゲームがあるのかとびっくりしました。

すっかり感心した私は、なんとかこのブランドをパークでイベント化できないかと考えました。もしも10周年の序盤の調子が悪ければ、このモンスターハンターのイベントを10周年の終盤にでも実施できればいいなと、その時は楽しく気楽に妄想していたのです。「でも今年は金が本当にないから、こんな強いブランドをパークに呼び込むのは難しいだろうな」とも思っていました。

興味を持った素材はとことん理解するところから始めるのが、私の性分です。プレイステーション・ポータブル（PSP）と、ソフト「モンスターハンターポータブル 2nd G」をその週末に買い込んで、とりあえず自分自身でハンターライフを送ることにしました。

私は睡眠時間を削ってモンハンをひたすらやり込みました。プレイ時間はわずか数カ月で400時間を超え、ハンターランクをグイグイと上昇させていきました。若い人たちが、このゲームをなぜそんなに好きなのかをもっと知りたい。そしてこのブランドをイベント化するとしたら、どのような切り口でユニバーサルの技術を発揮すれば、ファンがパークに来場して泣くほど感動してくれるだろうか？　そんなことばかり考えて、ひたすらこのゲームをやり込んでいたのでした。

私は信じているのですが、マーケティングをやる人間は、何でも自分自身でやってみることを習慣にするべきです。前職でヘアカラーやスタイリング剤を売っていた時代は、私は自分のヘアスタイルを金髪のスパイキーや、真っ赤なソフトモヒカンにしていたこともありました。

似合っていないことは誰よりも私がわかっていましたよ（笑）。でも、伊達《だて》や酔狂でやっているわけではないんですね。奇抜な髪型といかつい風貌《ふうぼう》から、私の職業をいぶかる御近所の評判はすこぶる悪く、家族にも非常に肩身の狭い思いをさせてしまいました。しかしそれでも、マーケターは「消費者目線」を基本にしないとアイデアも戦略も判断も全てにおいて焦点がズレると思うのです。

やってみても消費者に共感することが難しいときもありますが、やってみれば少なくとも消費者をよりよく理解することは必ずできるのです。マーケターは最低限、消費者を「理解」しないといけないと思います。

そういう訳で、出会いは不純だったのですが、私はファンの消費者目線を理解するつもりでとことんモンハンをやり込みました。太刀使いとしての腕を磨き、非力な自分がデカいモンスターに挑む非日常の世界でレア素材の有無に一喜一憂し、気がつけば私自身がモンハンの熱烈なファンと化していたのです。

めっちゃくちゃ面白い！　このブランドはすごい！　理解をとっくに超えてすっかり共感していたのです。この素晴らしいゲームブランドをどうやってイベント化すれば、ファンが喜んでくれるだろうかは既に見えていました。

そんな最中《さなか》にあの大地震が起こったのです。

震災による自粛ムードで10周年の出だしが大コケし、私はこのモンスターハンターをいつ頃イベント化しようかとか、カプコンさんをどうやって口説くかなどをあれこれ時間をかけて考えている余裕が一切なくなりました。

前述したように、あれこれ追加施策のアイデアを考えて発動しなくてはいけなくなりました。各プロジェクトの企画・交渉・製作・実施をほぼ全て並行して進めなくてはならなくなりました。しかも金は何かを大きく削って用意するか、勝つことに賭《か》けて先行博打《ばくち》で用意するしかない。我々は非常に追い詰められた状況にあったのです。

4つ5つ必要だった追加施策の中で、モンスターハンターのイベント化は非常に確度の高い絶対不可欠なアイデアの1つに思えていました。金はないけれども何とかカプコンさんにイベント化の許可と御協力を仰ぐ方法はないかと思案をめぐらせました。

しかし、こんなに人気絶頂のブランドを呼ぶには、その人気に応じた費用がかかるというのが業界の常識です。どう考えても厳しい。他の施策に頭と時間を使うべきと考える人間が私の周囲には多かったのです。

でも私はこの素晴らしいブランドをどうにも諦《あきら》められませんでした。あれこれ考えている時間がないのにそれでも考え続け、しかし考えに考えても「金」の面では良いアイデアがいっこうに出てきませんでした。

動きながら考える方が良いこともある

悩みの淵《ふち》にいた私は、考えすぎて動きを止めるのではなく、動きながら考える方が良いこともあると思いたちました。まずは相手方の総帥に会ってみようと思ったのです。私の武器は、モンハンへの純粋な熱意だけです。**もう相手の懐に突撃するしかないと思ったのです。**

そして3月末頃にカプコンのモンスターハンター・ブランドの責任者である辻本良三《つじもとりょうぞう》プロデューサーにアポイントをとらせていただき、お金もないのにあつかましく、モンハンのUSJイベント化のプレゼンに参上することにしたのです。

辻本さんと初めてお会いするこの日、私はアポイントの時間に1時間以上もの余裕を持って出発しました。カプコンの本社はUSJと同じ大阪にあります。車で30分も見ておけば大丈夫、早めに着いたら近くでコーヒーでも飲みながら頭を整理するつもりでした。

この日は、会社の未来に繋《つな》がる10周年成功への重責を両肩に乗せて、とりわけ慎重にハンドルを握りました。燃え上がる情熱にいやが上にも気持ちは高ぶり、あんな素晴らしいブランドを創っているチームのリーダーはどんな人だろうかとファン心理も少々手伝って、ワクワクしながら車を走らせていました。

カプコン本社へ向けてひたすら車は走る走る……気持ちも走る。ひたすら走る走る……気持ちも走る。うーん、カプコンさんって思ったより遠いな……。ひたすら走る走る……え、そんなに遠かったかな？ ひたすら走る走る……？ なかなか着かない！ このあたりのビルのはずなのに……。えええ――！ なかなか着かない！

カプコン本社が遠いのでも、立地がわかりにくい訳でも全くありません。実は私が、**世界最高の方向音痴**だからなんです。

子供のころから極度の方向音痴でした。私は兵庫県で育ち、大学時代も神戸《こうべ》でよく遊んだのですが、そのホームグラウンドである三ノ宮《さんのみや》から電車で東へ帰る際に、いつも電車は私の予想を裏切った方向へ動き出しました。私はゴルフをしません。打つべき方向が感覚的にわからないので人様に御迷惑をかけそうだからです。大阪梅田《うめだ》スカイビルで大事なビジネスの会議があったときも大遅刻しました。駅から見えているスカイビルを目指して一生懸命歩いても歩いても、なぜか着かない。道に沿って一生懸命歩くほどに、なぜか見えているはずのビルがますます遠く離れて霞《かす》んでいきました。

辻本さんと会うこの日も、絶対に遅刻できないので早めに出ましたし、秘書はちゃんと地図を用意してくれました。ナビも慎重にセットしていたので、私は何回もナビの「現在地確認ボタン」を押したのですが、そのたびに車内には「目的地周辺です」という死刑宣告がクールに響きました。

迫り来る時間にいよいよ焦った私は、さんざんグルグル回った挙句に、あろうことか交渉相手であるカプコン様に連絡を入れることに……。かなり頑張ってもなかなか着かない事情を申し上げると、何と御丁寧に表に人を出して誘導して下さるとのこと。

ああ、この情けない方向音痴！　今までもそうだったけど、これからもそうやって人に迷惑をかけて恥をかいて生きていくんだ！　この方向音痴め！

そんな惨《みじ》めな気分で待っていると、私と同年代に見えるイケメンが一人現れ、こちらを見つけてくれました。私のピンチに現れたそのイケメン救世主様は、こんな方向音痴を救出しにわざわざ外に出てこられて、嫌な顔一つせずに、笑顔で丁寧に誘導してくれました。そして彼はこう言いました。

「わざわざお越しいただいてありがとうございます。カプコンの辻本です」

それが私と辻本良三プロデューサーの出会いでした。


カプコンの皆様との会談が始まりました。このときの辻本さんが私をどう見ておられたのか、それはわかりません。遅刻したドジなおっさんと思われたことは間違いないのですが、私は自分の方向音痴はとりあえず棚に上げて、とにかく必死に訴えました。

モンハンのコンセプト、世界観、アートディレクション、音楽など、どれをとっても素晴らしいクオリティーで、世界最高のブランドを集めたいUSJとしては是非とも組ませていただきたいと懇願しました。

「400時間の風圧」に押されて、私の口からはとめどなく言葉が溢《あふ》れ出てきました。私の脳裏には、数カ月間、とりつかれたようにモンハンをやり続けた記憶が走馬灯のようにに駆け巡っていたのです。仕事以外の時間をほとんど費やしたモンハンに、私は恋をしていたのです。お金はありません、でもあなたに対する愛情だけは誰にも負けません、だから僕と結婚して下さい、と説得しているようなものです。

私は身振り手振りを加えたオーバーアクションで、イベントの大まかな企画、このイベントがモンスターハンター・ブランドを他のゲームとますます差別化し、モンハンにとって新しいファン層を開拓する大きな進撃となること、ユニバーサル伝統の技術と品質へのこだわりで世界最高の製作クオリティーを御約束することなどを説明しました。

「当パークで何としてもイベント化させて下さい！　この夏に間に合わせたいと思っております！」

最後はもう、あらゆる熱意を傾けて、辻本さんと彼のチームの皆さんに切々と心からのお願いをしたのでした。

私がモンハンのイベントを10周年の後半ではなく、夏に実施したかったのには理由があります（もちろん震災で10周年がいきなり大コケしていたこともありますが）。モンハンのような強力なブランドの場合は熱狂的なファンが全国津々浦々からやってくる、夏休みにイベント化できれば時間的余裕のある学生層が遠方からも来場しやすい、と考えたからです。

私の熱烈なオファーに対して、カプコンの辻本さんはにこやかに答えました。

「実は我々も御社とずっと組みたいと思っていました。ユニバーサル・スタジオ・ジャパンでゲームブランドとしての初のイベントを実施できることを光栄に思います」

何ともありがたい御返事をその場で下さいました。しかも我々が少しでも多くの予算をイベントそのものの品質に注ぎ込めるように、格段に配慮ある条件で了承して下さったのです。

私は、この瞬間の感激を今でも忘れることができません。

情熱が予測もできない局面突破を呼び込むことがある

ただし、本当に夏に実現できるかどうか、それだけはこの時点では誰にもわかりませんでした。私の夏にやりたいという熱意は全員がわかってはいましたが、3月も終わろうとしていたその時期から始めたとしても、あまりに時間がなかったからです。

実は私も心の中で、もし全力を尽くして夏に間に合わなかったら、実施タイミングを後ろに倒すしかないと腹をくくっていたのです。イベントのクオリティーだけは当パークのブランドのために絶対に妥協できませんし、何よりも協力して下さるカプコンさんへの仁義があります。弊社の都合でクオリティーを妥協してタイミングを優先するような申し訳ないことは絶対にしたくなかったからです。

急遽《きゅうきょ》プロジェクトチームを組み、イベントの企画を速攻で固めていきました。企画の中心は、モンスターハンターの中に出てくる20メートルもある大型モンスター「リオレウス希少種」を、等身大でリアルに作ってしまうブランド展示としました。圧倒的な迫力とクオリティーで全国のモンハン・ファンを魅了する意図でした。

私は当時、PSPの小さな画面を見つめてモンハンを実際に長時間やりながら、ふと思ったことがあったのです。

「この小さな画面の中で、モンスターと自分のアバターの大きさの関係はいつも見ているけど、実際に自分の目で本物の大型モンスターに対峙《たいじ》したら、どのくらいヤバい恐怖を感じるんだろう……」

400時間ゲームに熱中することでファン目線を身につけた私には、原寸大のモンスターと自分自身が実際に向き合うこの感動の峻烈《しゅんれつ》さが想像できたのです。だからこの企画は絶対に当たるという確信がありました。

等身大リオレウス希少種のみならず、モンハンに出てくる様々な武器、防具、アイテムなどもリアルに再現し、その世界観を環境演出した中で展示することにしました。ゴールデンウィーク前に企画は出来上がり、それを夏に向けて実現するべく2カ月半の間、もう皆で必死になりました。USJサイドがイベントの企画のベースを立てて、カプコンサイドのアイデアや監修でより良くしていく、そんな二人三脚体制で進みました。

お互いに人を感動させることが使命のエンターテイメントの会社同士、またクオリティーに徹底的にこだわるものづくりの魂を共有しているので、驚くほどの意思疎通とあうんの呼吸で製作は進みました。様々な課題も私と辻本さんのホットラインですぐに解決し、素晴らしいチームワークでイベントプロジェクトは進んだのです。

そんな団結したプロジェクトチームの昼夜を問わない奮闘のおかげで、等身大リオレウス希少種は素晴らしいクオリティーで本当に夏までに完成したのです。しかも、このイベントは私の成功予想をはるかに上回るゲスト満足と集客の両方をもたらしました。夏休みには遠方からも実に多くのファンが来場して下さったのです。

今、私は思うのです。あのとき、諦《あきら》める前に辻本さんに「突撃」して本当に良かったなど。諦めずに夏を目指して本当に良かったなと。

ビジネスは、戦略的に物事を考えて、自分の使うエネルギーの焦点をまず見定めて、そこで成功確率を高めるための計算をあれこれするものだと今も私は思っています。でも、計算で読みきれないことも実は多いのです。追い詰められて万策尽きたと思ったときでも、たとえ計算上では勝算が立たなくても、本当に大切なことならば絶対に諦めずに行動することで局面を動かせることがあるのです。情熱が予測もできない局面突破を呼び込むことがあるのです。

また、あのむちゃくちゃな工期の中で、あそこまでハイレベルなイベントを間に合わせてくれたユニバーサルの職人の技量と熱意に心の底から感謝しています。そして、何よりもこの無謀に思える我々の提案に乗って下さり、力を貸して下さった辻本プロデューサーをはじめとするカプコン関係者の皆様に最大の御礼を申し上げたいと思います。

その恩返しも兼ねて、2014年の新春に3回目のモンハン・イベントを当パークで開催します。これまでをはるかにしのぐ規模とクオリティーで（20メートル級の大型モンスターが3体も出て、しかもうち2つは動かす予定）、最高のモンハン・イベントをハンターの皆様にお届けしたいと思います。

世界一の光のツリー

10周年の春の出だしの大コケを取り戻すために、私はワンピース並みの強力な集客力を発揮する追加施策が4つ必要だと考えていました。

自粛ムード対策の関西スマイル・キッズフリー・パス、ハロウィーン・ホラー・ナイト、そしてこのモンスターハンターのイベントの3つは紹介してきました。

私が考えたあと1つのアイデアは、クリスマスシーズンを更に強化するために投入した「世界一の光のツリー」です。

USJで過ごすクリスマスを特別なものにするには、ゲストの心を引き寄せる何か特別なものを作らなければならない。そう考えた私は、クリスマスツリーに目を付けました。このツリーを特別なものにすれば良いのです。

「ならばいっそのこと、世界一のクリスマスツリーにしよう」

私はそう思い立ちました。世界一のクリスマスツリーを33万個のLEDで飾り、ギネス認定の「世界一の光のツリー」にしたのです。この突き抜けたツリーで集客するアイデアも、必要条件をあれこれ整理することで辿《たど》りつきました。

これら4つの施策ですが、①GW後からキッズフリー、②夏に入ってワンピースと双《そう》璧《へき》で機能するモンハン・イベント、③秋にはハロウィーン・ホラー・ナイト、④クリスマスは「世界一の光のツリー」と、それぞれのシーズンに1つずつ追加施策を打ち込む形にしました。

各シーズンの潜在需要を取りこぼさないように考えた配列であると共に、どこかのシーズンで不測の事態が起こったときのためのリスク分散、更には我々の「人」と「時間」を集中しながら1つ1つの施策を高いクオリティーでお届けするために必要な準備期間、これら3つを理由とした布陣でした。

ただ、この4つをやると具体的に決めたのは、地震の直後からGW前までの1カ月ちょっとの間の出来事だったので、その時点では、それぞれの結果は全くわかっていないのです。4つ全部ヒットするか、2つ外しても2つがホームランならば、春の大コケで失った数十万人を取り戻せる計算でした。

しかしありがたいことに、最後の追加施策の「世界一の光のツリー」も爆発的な集客を生み出し、結果は全弾命中、しかも4つともホームランでした。そのおかげで10周年の年間集客は春の負けを取り戻し、目標の昨対プラス8％の倍を達成する大幅な2桁《けた》成長となったのです！

しかし、ビジネスは不思議なものです。つくづくそう思います。

もしあの震災自粛の衝撃によって我々があれほど追い詰められることがなければ、これらのアイデアを思いつくこともなかったでしょう。そして、これほどの10周年の成功も絶対になかったはずです。そう考えると、会社の経営も不思議な運命のバランスの上に成り立っているのだと改めて思います。

この10周年の超ドタバタの中で私が学んだのは、正しい目的であれば、追い詰められて駄目だと思っても、無理だと思わず絶対に諦めずに執着し続けること、そして戦略的な発想方法があれば、その執念を苗床にしてきっと苦境を打開する「アイデアの神様」は降りてくるということです。

私は少なくともそう考えて、正しい目的からブレることがないようにしています。その覚悟が最終的にアイデアの神様を呼ぶのだと思います。そう考えた方が得だとは思いませんか？　それができれば絶体絶命のピンチもチャンスに変えることができるのですから。

第4章　ターゲットを疑え！　取りこぼしていた大きな客層

「大人だけ」のテーマパークも不必要に狭い！

このパークのブランドを構築していくにあたって、私が壊さなければならないあまりに不必要なこだわりが、「映画だけのパーク」のほかにもう1つありました。それが「大人だけ」のテーマパークというターゲット設定です。

私は「大人だけ」のテーマパークも、「子供だけ」のテーマパークも、ビジネスの目的に照らすと同様に間違っていると考えます。どちらも不必要に狭いからです。

もちろん、USJがそれまで「子供は入場お断り」なんてしたことはありません。私の言う「大人だけ」のパークとは、パーク内にあるエンターテイメントの内容があまりにも大人向けに偏っていて、小さな子供連れのゲストにとって1日券を買って入るにはもの足らないと思われてしまうパークのことです。

世の中には、ディズニーランドのようにかわいいキャラクターが溢《あふ》れる夢と魔法の国を、子供向けのパークのように思っている消費者が存在します。そのような人が特に、大人が楽しむハリウッドの雰囲気にこだわって作られたユニバーサル・スタジオ・ジャパンを強く支持してくれていました。

彼らにしてみれば、その大人のパークをエルモやハローキティが歩いているのは許せない、子供のゲストが増えると大人の落ち着いた雰囲気を壊すと考えるのです。そのような意見は強烈にありましたし（今もあります）、社内にもそう強く信じている従業員は開業年戦士を中心に多くいました。

もし、大人の満足に集中することが集客に大きく寄与するならば、あるいは何倍もの売上に繋《つな》がるならば、そういうターゲットの絞り込みも1つの選択だとは思います。しかし実際の数字を読み解いていくと、私には明らかにそうは思えなかったのです。

入社直前のあの時期に私は、当パークの「子供連れファミリー」の集客が、マーケットの人口構成比と競合他社の集客データから推定されるあるべき水準に比較して、あまりにも少ないことを発見しました。

子供の年齢が小さくなればなるほど水準からの乖離《かいり》は激増し、特に3歳から6歳の小さな子供がいるファミリーが来場する割合があまりにも少ない。私の計算では、それらをあるべき平均値に持っていくだけで、パークの総集客を少なくとも安定的に1割以上、うまく行けば2割程度も上げることができるのが明らかでした。

「金の卵を見つけた！」と私は思いました。

JAWS事件でわかったUSJの弱点

ユニバーサル・スタジオ・ジャパンには、なぜそんなに小さな子供連れファミリーが少なかったのか？　パークを小さな子供と一緒に歩けばすぐにわかりました。

私の子供は4人おり、入社当時は下は4歳から上は12歳まで、パークの体験価値を研究するのに良い実験台になってくれました。家族6人でパークを歩くと、まず一番下の

4歳の女の子と、下から2番目の6歳の男の子が、身長制限のせいで乗れるアトラクションが非常に少なかったのです。

上の二人の子と、下の二人の子に夫婦がそれぞれついて、別行動せざるを得ない状況になります。上の二人と妻のグループは世界最高品質のアトラクションの数々を満喫していったので、「もうめっちゃ楽しい！　ユニバ最高やわー！」と連呼して喜んでいました。

それに対して、下の子二人と私が体験したのはシュレック—4—D アドベンチャーだけでした。その後は乗ろうと思ったものがほとんど身長制限で乗れないので、「ヒマ状態」となり、買うつもりもない物販店舗をのぞいたり、飲食店舗で軽食をとったりしてチビっ子たちの機嫌を維持しながら、上の子チームとの合流まで時間を潰《つぶ》すのが大変でした。

そして、合流してやっと見つけた身長制限のない家族全員で乗れるアトラクション「JAWS」で、その事件は起こってしまいました。4歳の下の子がたまたま一番端に座ってしまったのです。

ネタバレになるので詳細は書けませんが、4歳の子は、間近に迫る巨大なサメの恐怖の餌食《えじき》になってしまいました。

巨大なサメに遭遇した瞬間、この子はじっとしていました。私は「小さいのにちゃんと見てるわ」なんて呑気《のんき》に思っていましたが、この子の表情を見てその異変に気づきました。

彼女が大泣きするまで少しだけ時間があったのは、あまりの恐怖で硬直していたからです。目を見開いたまま手すりを握り締め、完全に固まっていました。

「ギャー！」

間をおいて、凄《すさ》まじい悲鳴が響きました。

あの子のあんな表情は後にも先にも見たことがありません。それからこの末っ子が「でっかいおさかなコワかった……」と呟《つぶや》く日々がしばらく続きました。水族館に行っても「おさかなはコワいねんでー」と周囲に力説していましたからね。

一般論として、小さな子供はまだ抽象思考ができないので、大人のように目の前に見えているものが「安全なつくりものなんだ」という前提でそれらを楽しむことができません。小さな子供にとってみれば、牙《きば》をむき出して迫ってくる巨大なサメは間違いなく「本物」なのです。大人には最高に楽しいこのパークのメイン・アトラクション、JAWS、ターミネーター、恐竜なども、子供にとっては殺し屋がウヨウヨしているようでものすごく怖いのです。

子供が抽象思考ができるようになるのは、個人差はありますが小学校の低学年くらいからのようです。実際は安全だという前提をわかった上で、自分自身がその状況に浸りながらスリルを楽しめるようになるには、人間だけの高等な知力が必要なのです。

こうしてUSJは、テーマパーク業の最大のボリュームゾーンの1つである「低年齢の子供を持つ家族層」を開業以来、ずっと取りこぼしてきたのでした。

実は私が家族で訪れた2010年当時にも、小さな子供がちゃんと楽しめるアトラクションがいくつか存在していたのです。セサミストリート—4-Dムービーマジック、シュレック—4-Dアドベンチャー、アニメ・セレブレーション、スヌーピー・スタジオ、ランド・オブ・オズの中にあったトト&フレンズ(動物ショー)、マジカル・スターライト・パレード(夜のパレード)などです。

しかしパーク施設全体に占めるファミリー向け施設の割合に比べて、全ゲストに占めるファミリーの割合は、およそ半分程度しかありませんでした。

このギャップは、この問題を解決する方法を発想するための重要な示唆を含んでいました。ファミリー向け施設の実際の充実度よりも、来るファミリーはずっと少ないのです。これは実際よりも、もっと「子供には楽しめない」と思われていることを意味します。

実際にアトラクションがどれだけあるかが問題ではなく、ゲストの頭の中にしみついた「小さな子供と一緒では楽しめない」という負のブランド・イメージをどう解決するのかが、問題の本質であるということがわかりました。

であれば、小さな子供連れファミリー用に、単発でアトラクションを1つ1つ追加していっても問題の解決にはなりません。**小さな子供連れファミリーを呼び戻すには、小**

さな子供が楽しめないパークという認識そのものを変える必要があったのです。

「うわー、USJはついに私たち（小さな子供がいるファミリー）のために、本気ですっごいものを作ってくれたんやー！」と驚くようなものを世の中に打ち出さないと、人の頭の中の認識を逆転することは難しいだろうと私は考えました。

さらに、もう1つ解決するにあたって考慮すべき点が「シナジー効果」です。

小さな子供連れ家族を魅了するための投資が、1つで自己完結するのではなく、パークの有形・無形の資産を活用したり、それらにプラスの相乗効果をもたらしたり、良い意味での長期的な効率性を発揮するのが好ましいという点です。できる限り、パークに既にある資産との相乗効果で効率を増したいと私は強く願っていました。

助けてくれ！　エルモ、キティ、スヌーピー

ここまで考えた解決策を発想するための必要条件を書き出してみます。

①「小さな子供連れは楽しめない」という消費者の認識を覆すものでなくてはならない。
②実際に数割増えるであろう集客に十分な収容キャパがなくてはならない。
③設備投資資金の予算内で実現できるアイデアでなければならない。
④既存資産とのプラスの相乗効果で経営効率を高めるアイデアであれば尚《なお》良い。

実際に解決の具体案を考え始めたのは、これらの必要条件を明確にしてからの話です。私は、良いアイデアを思いつくためには、「どんなアイデアを思いつけば良いのか」を先に徹底的に考えるようにしています。それができれば、あとは「なぞなぞ」を解くのによく似ています。これらの4つの条件を満たすアイデアをどんどん考えて、その中で最も良いものを消費者調査も入れて確認すれば良いのです。

そうやってまず思いついたのが「大きな複合型ファミリーエリア」でした。単体のアトラクションではなく、複数のライド・アトラクション、ショー・アトラクション、そして多くのプレイエリアなどを備えた複合ファミリーエリアを建築するのです。そして、でっかいエリアができたというニュースを発信し、消費者の頭の中の認識を「大人だけでなく子供も楽しめるパーク」へ大きく変えることでした。

どれだけ素晴らしい子供向けアトラクションを作ったからといって、それ1つのために親子3人分の入場料を払って来場するハードルは高いでしょう。だから単発アトラクションではなく、あれこれ親子でやることがたくさんあって、1日を過ごせるような規模のものでなくてはならないのです。

敷地は当時存在した「ランド・オブ・オズ」エリアを撤去して入れ替え、建設面積も拡大して、約3万㎡もの広大な土地を割り当てることにしました。

次に考えたのは、そのハード（エリア施設）に使うソフト（テーマ性）を何にするのが一番良いか？という点です。

3歳から6歳の子供が好きなものでなくては集客にプラスになりませんし、競合の類似施設と比べたときに明確に差別化できるUSJらしいものを選ぶ必要があったのです。

あれこれあった候補の中から我々が最終的に選んだ答えは、既にパークに存在していた3大キャラクター（セサミストリートのエルモ、Peanutsのスヌーピー、ハローキティ）を活用することでした。人気キャラクターの集合エリアとすることで、小さな子供にとってより親しみやすいエリアとなるのが最初の理由です。

もう1つの理由は、今まで存在していたこれらのキャラクターが、実はパークの街並みや景観と必ずしもフィットしていなかったという点です。パークの建設後、しばらくしてから導入されたキャラクターであったためです。料理をより美味《おい》しそうに見せるためには載せる皿が大事なように、かわいいキャラクターがよりかわいく見えるためには、キャラクターを置く環境演出がとても大切なのです。

この新ファミリーエリアに既存の子供向けキャラクターを投入することは、一石二鳥の効果が期待できるはずだと考えました。これらのキャラクターたちは、ようやくパークの中に専用のエリアという「家」を与えられて、パークのブランドの中での市民権を得ることができるようになります。

また、既存キャラクターの知名度を活用することで、新たな認知にかかる費用をセーブできるメリットもありました。これらの視点は、先の条件4の相乗効果に合致します。

「ユニバーサル・ワンダーランド」でファミリー層を取り戻す

かくして新ファミリーエリア「ユニバーサル・ワンダーランド」の開発・建設計画は立案されたのでした。身長制限は最小限にして、小さな子供ができるだけ全ての体験ができるように「機能は子供に合わせ、デザインは母親に合わせ」、徹底的に体験価値にこだわったエリアとなりました。

人間と社会や外部環境との関わりの研究における世界的権威のスーザン・ゴルツマン博士を開発の当初からプロジェクトチームに招き、人間の創造性や好奇心を刺激する様々な仕掛けを何度も議論して練り込みました。

全て書き出すとそれだけで1冊の本になってしまうので、ほんの1例を紹介します。ハローキティのエリアに作った「ハローキティのカップケーキ・ドリーム」は、遊園地によくあるコーヒーカップ型のライドと同じように思う方もいるかもしれませんが、実際の体験価値は大きく違うように設計されています。

まず、くるくる回るライドの中から見える世界がかわいくてワクワクするように、ライドに乗った子供の目線の高さから見える周辺施設の建物のデザインにこだわっています。子供の目線の高さは大人が思っているよりも随分と低いので、手すりに邪魔されて実際は外がほとんど見えないライドが世の中には満ちているとのアドバイスによるものでした。ライドのカップの高さを安全性と子供から見える世界の楽しさのバランスで調整し、その視点から見える周辺の建物のデザインにもこだわりました。

そしてライドのデザインには母親の求める夢のような「かわいい世界」を実現させるためにこだわりました。特に塗装の発色には徹底的にこだわり、イタリアの高級車フェラーリの塗装工場で塗装を施しました。おかげでやわらかい中間色なのに抜けるような明度になっています。このあたりの品質へのこだわりがユニバーサル気質《かたぎ》なんです。

さて、そのような様々な努力の末に「ユニバーサル・ワンダーランド」は完成し、7個のライド・アトラクション、1個のショー・アトラクション、12個のプレイランドを含む計28もの施設を備え、親子で1日中楽しめる新鋭のファミリーエリアとして、2012年春にオープンしました。発案から完成まで2年弱（21カ月）かかりましたが、この規模のエリアを作るには業界でも異例のスピードでした。

ユニバーサル・ワンダーランドが完成して初めて家族を連れて行ったとき、JAWSの恐怖体験から2年が経った私の末の娘はもう6歳になっていました。既に抽象思考をある程度身につけてパークの様々な大人のアトラクションも体験できるようになっていたので、どういう反応をするか興味深かったのですが、彼女はやはりユニバーサル・ワンダーランドを一番気に入ってくれました。

「めっちゃ楽しい！」

はじけるわが子の笑顔を見ることができました。年の割に背が特別に小さい彼女でも身長制限を気にしなくていいですし、かわいくてほのぼのしているキャラクターの世界の中で、この年頃の子供にドンピシャな冒険の程度が良かったようです。フライング・スヌーピーで空を飛ぶことと、セサミのビッグ・ドライブで車の運転をすることが特に彼女のお気に入りです。世の中のゲストのためにやったことなのですが、自分の家族が本当に喜んでくれると、格別に嬉《うれ》しくなりました。

このユニバーサル・ワンダーランドによって、それまで極端に低調だった低年齢の子供を含む家族連れの集客は、一転してＵＳＪの強みへと変貌《へんぼう》を遂げたのです。塞《せ》き止められていたダムの水が解放されたかのように、小さな子供連れファミリーの来場がどっと増えました。その結果、パーク集客は大幅な増加となり、私が着任した当時のパーク年間集客約７４０万人から、ユニバーサル・ワンダーランドをオープンした２０１２年度は１０００万人に迫る９７５万人を記録しました。

しかも、２０１３年の夏におけるユニバーサル・ワンダーランドの集客は、オープンした２０１２年の夏よりも更に大きく上回り、上り調子は続いています。テーマパークのアトラクションはオープンした1年目の集客が一番多く、その後は逓減していくのが通常のパターンです。この結果は、ユニバーサル・ワンダーランドの提供する価値が、消費者の普遍的な需要と合致し、リピート率が非常に高いことを意味しています。

さらに長期的な展望としては、関西地区だけでも毎年20万人近い新3歳児が生まれてきますので、1家族の平均来場グループサイズを3〜4人とすれば、毎年70万人もの新規需要がマーケットに現れることになります。

長い目で見ると、幼児のときに1回、親になって1回、年をとってから孫と一緒に1回と、パークへの生涯来場回数を2〜3回増やすことができるのではないかと私は考えています。

第5章　アイデアは必ずどこかに埋まっている

一難去ってまた一難、2013年を生き抜くには？

2011年の10周年は、諦《あきら》めずにアイデアの神様を降ろし続けて、ピンチをチャンスに変えて成功を収めることができました。

2012年度は入社以来ずっと温めてきた1段目のロケット「ユニバーサル・ワンダーランド」に点火し、今までの弱点だったファミリー層の集客をひっくり返しました。これも信じられない高さまでパークを飛ばしてくれました。

そして後は2013年度さえ乗り切れば、2014年度のハリー・ポッターのテーマパークという第2ロケットに点火して、パークを開業年度に勝るような集客レベルに引き上げるチャンスがいよいよやってきます……。

しかし、2013年度は、達成しないといけない集客レベル（10周年の実績値よりも更に高い）があまりに高い割には、「三重苦」を抱えた年でした。生き残る策を用意するのがとりわけ厳しかったのです。

三重苦とは、①2011年度と同様に設備投資に回せる資金は極小、②東京ディズニーランド30周年のパワープレイの影響、③2014年に予定しているハリー・ポッターを意識した消費者の行き控えによる集客の減少見込み、の3つです。

時間を2013年のプランニングがピークとなった2012年の正月あたりに戻しましょう。10周年の最後の追加施策「世界一の光のツリー」の大当たりを見届けて、「しばらく温泉で脱力して溶けてしまいたい」と願いつつ、ユニバーサル・ワンダーランドの数ヵ月後のオープンに向けて最後の発破をかけていた時期です。

結局温泉でホヨホヨする暇などなく、2012年の次の大きなチャレンジである2013年をどう乗り越えるかを考えていたのです。10周年のようにキャピタルがほぼない状況になるはずだった2013年ですが、10周年の大成功によって少しだけ設備投資の予算が使える状況になりました。約20億円弱です。もちろんないよりもずっとありがたいのですが、この金額では新アトラクションを入れる建物すら作れないので、我々が達成すべき目的に照らせば小さな小さなスズメの涙のような予算なのです。

また、2013年が東京ディズニーランドの30周年であることは、当然ですが30年前からわかっていることでした。我々が10周年で頑張って集客したように、TDRも関東だけでなく地方のTVメディアや遠方の旅行プランにも力を入れて、一気に集客を伸ばそうとするのは当たり前です。

私はそのインパクトを、かつての東京ディズニーランド25周年のときのデータを掘り起こしてUSJの集客が実際に受けた影響を試算し、2013年は何もしなければ例年よりも最大で10%、最小で5%程度の集客ダメージを受けるであろうと推定しました。

既に書いたように、TDRとUSJの間には3万円の川が流れているのですが、業界のガリバーであるTDRが本気でパワープレイをしかければ、西から東へ川を渡る消費者は増え、中間の中部や東海の消費者も東へ向く確率が例年よりも高まるのです。

さらに、2013年特有のもう1つの大問題は、翌年に控えたハリー・ポッターへの期待が大きければ大きいほど集客が減るという皮肉な現象です。

「ユニバーサル・スタジオ・ジャパンにはハリー・ポッターのテーマパークが建つ来年に行こう」と思う消費者が少なからずいることは分かっていました。世の中を平均するとテーマパークには2〜3年に1回行く人が多いのです。ハリー・ポッターがなければ2013年に来ていたのに、ハリー・ポッターを待つことで2014年にシフトしてしまう、ハリー・ポッターの行き控えによる集客減少は約5％あると試算しました。

三重苦の2013年をどうすれば勝てるのか？　2つのマイナス・インパクトを足し合わせると（例年通りで特別に何もしなければ）10〜15％もの集客が前年に対して減ってしまうことになります。15％もの売上減少リスクは、我々のようなサービス業では即死を意味するほど大きな数字です。

私はまず「そのマイナス15％は避けられない凹《へこ》みだと仮定して、逆にプラス20％を積み増すプランを用意しよう」と考えました。プラス20％を積み増すプランさえ考えつけば、TDRの周年パワープレイに凹まされても、ハリー・ポッターの行き控えで2013年が凹んでも、期待に勝るとも劣らない経営の結果を出せるはずです。そうすれば2014年の2段目のロケットへ繋《つな》ぐことができるのです。

しかしプラス20％を積み増すということは、10周年の目標だったプラス8％の倍以上、私の試算では、例えば大型アトラクションが満塁ホームランで成功したとしても、1発では全く足りません。そのくらいの大成功が最低でも2発は必要なものすごい数字なのです。

2013年に満塁ホームランを2発打たなくてはならない。できれば更にツーベースヒットがもう1本加われば万全です。しかし、ユニバーサル・ワンダーランドとハリー・ポッターのテーマパークに設備投資用の資金は集中しているので、新しい大型アトラクションを作ることは明らかにできません。

私は、目的が正しいのかについては十分に時間を使って慎重に考えることにしていますが、それが正しいと判断したのならば、できない理由をあれこれ考えて**目的自体を「無理だ」と嘆くことに時間を使わない**ようにしています。

なぜなら目的が正しいなら、方法が見つかっていなくても、やらねばならないことは自明だからです。目的自体を疑うようでは必死にアイデアを考える執念のパワーが出てきません。そのときも、深くすーっと息を吸い込んで「必ずアイデアはある!」と自分に言い聞かせました。

このときに私が考えていた生み出すべきアイデアの必要条件を整理してみます。

①　スズメの涙で実現できること（新たな設備投資に回せる資金は約20億円弱）。
②　プラス20%の集客増ができる需要喚起の強さを持つこと。
③　「世界最高をお届けする」ブランドとして恥じない品質であること。

また、これらの条件に付随して、私が考えていたのは、2012年度は「ユニバーサル・ワンダーランド」でファミリーを取り込むべくマーケティングを集中することになるので、2013年はその反動で来場へのエネルギーが溜《た》まっている可能性が高い独身女性層（10代・20代・30代を中心とする独身女性で来場形態が子供連れでない消費者）の来場意欲を喚起するアイデアを優先して探すと良いかもしれない、ということでした。

リノベーションというマーケティング技法

今度は10周年と違って約20億円弱の金が使えます。しかし、それでは世界最高品質の新型アトラクションどころか、それを入れる建物でさえ1つも作ることはできません。このスズメの涙をどのように有効活用すれば、特大満塁ホームランを2発分も稼ぐことができるのだろうか、それればかり考えていました。

その謎解きの中で最初に私の頭の中に浮かんできた最も妥当な戦略がありました。それはリノベーション戦略。リノベーション（改造）は、全く新しいものを作り出すイノベーション（革新）とは違い、既存のものを新しく生まれ変わらせるべく手を加えて改造・改築することを指します。例えば、新築の家ではなく、古いものをリフォームして新しい価値を生み出した家などは、このリノベーションに含まれます。

つまり、この20億円弱を使って既存のアトラクションを改造することで新しい価値を生み出すことができないだろうかと考えたのです。しかし、どのアトラクションをどう改造すれば、新型アトラクションの大成功2発分もの需要を作り出せるのか？　ちょっと考えただけで気が遠くなりそうな仕事だと分かりました。

既存のアトラクションは、どれも建ってからそれなりに年月が経っていて、特に関西地区では体験率がどれもかなり高いのです。テーマパークでは「新しさ」というものが大きな集客の武器になります。どのパークのどのアトラクションも初年度の集客効果が最高で、一度体験してしまった人の割合が増えるに従って集客効果は年々逓減していくのが相場です。既にある古いものに手を加えたとしても、それにまた乗ってみようと新品と同等の来場意欲を作り上げるのは、この業界では至難の業だとされていました。

世界中を見渡しても、既存のアトラクションを改造することで集客に大成功したケースは、私の知る限りその時点では皆無でした。テーマパーク業界では新築物件しか売れないと思われていたのです。社内でもプロジェクトに関わる人間たちは、この段階で20億円弱を本当に有効活用できるのか疑問に思っていた社員の方が多かったはずです。

グレンも本当に大丈夫なのか？　と、信じていない目で何度も私に聞いてきました。古いものをちょっと改造するくらいで、パーク全体でプラス20％もの集客効果を達成できる魔法があるとは信じられないからです。

しかし私には「リノベーション戦略」は新たに付加する価値次第で成功するだろう、

マーケティング技術次第で可能になると思えたのです。

この場合のマーケティング技術とは、正しいターゲットの設定（WHO）、正しい便益の設定（WHAT）、正しいコミュニケーションの設定（HOW）の組み合わせのことです。私は、これまでエンターテイメント業界でリノベーション戦略を本気でマーケティングする人間がいなかっただけだろうと思っていました。

そう思えたのは、それまで私が実戦経験を積み重ねたシャンプーなどの消費財の業界では、リノベーションは普通に行われるマーケティング技法の1つだったからです。シャンプーなどは、はっきり言って「ローテク」の製品です。先端技術や特許がたくさんあるとは言っても、スマホや家電のようなハイテク製品とは違って、しょせんは誰でも釜《かま》を焚《た》いたら作れるのがシャンプーです。

ですから競合は星の数のように存在しますし、商品の性能を劇的に差別化したり、商品自体を劇的に変化させることが非常に難しい宿命があります。「技術」によって競争優位を作りにくいそのような「ローテク」業界こそ、実はマーケターが最も活躍し成長できる舞台でもあります。優秀なマーケターがいなければ、差別化できないまま単なる価格競争が過熱して、業界そのものが廃れていくのです。

私は長年、ハード自体では差別化や新しい価値創造が難しいシャンプーを売るという宿命の中で、アイデア勝負のリノベーションで戦ってきたのです。それに比べたらテーマパーク業界は、最新のハイテク技術を次々と投入できます。これだけの材料があるのだから、リノベーションの切り口が見つからない訳がないだろうと思っていたのです。

私はリノベーション（既存アトラクションの改造）で超特大ホームランを狙うアイデアを生み出すことにしました。20億円弱でできることは限られているのですが、それでもものすごいアイデアを見つけるしかないと思ったのです。

誇りを持って世界中からアイデアを探す

そこで、真っ先に私がやったことは、アイデアが世の中に落ちていないか調べることでした。世界中のパークやエンターテイメント施設でやっていることをもう一度理解して、我々のリノベーションに応用できるアイデアがないか探すことにしました。

もちろん、使えるアイデアがあれば、その切り口を誇りを持って盗ませていただくつもりでした。既にあるアイデアをいただくことを「リアプライ」と言います。世の中から使えるアイデアを探して応用するのは、マーケターであれば誰でもできなければならないことだと私は信じています。これを「パクる」と表現すれば嫌悪感を感じる人もいるかもしれませんが、いわゆる「パクリ」と、私の言う「リアプライ」には違いがあります。

目に見えるブランドやキャラクターをそのまま真似する「パクリ」に対し、私は目に見えないビジネスのアイデアそのものをいただきます。著作権を侵害する「パクリ」は犯罪ですが、ビジネスのアイデアを持ってくるのは「まんま」真似るのではない限り合法です。実は世界中の優れた会社ならどこでもやっていることなのです。

例えば、どこかの国のとあるパークで無重力を体験できるアトラクション「宇宙飛行士危機一髪！」というのが大人気だったとします（そんなものは実際にはありませんが）。その場合に、私が盗みたいと思うのは「無重力を体験できる」というアイデアであって、目に見える宇宙飛行士の造形などはどうでもよいのです。

これがリアプライです。

マーケティングを仕事にする人間は特に、このスキルに力点をおくべきだと私は考えています。私は前職で多くの国籍の人と一緒に仕事をしました。一般論ですが、**日本人は何でも自分でゼロから始めようとする、**悪いクセがあるように思うのです。これは日本人の職人気質《かたぎ》から来ているのではないかと思うのですが、人のアイデアを活用したり、それをベースに新たな価値を増築していくことが、スマートだと信じている人をあまり見たことがありません。

また、そのために世界中に広く情報の網を張って外からアイデアの種をたくさん輸入すべく努力をしている人もあまり見たことがありません。多くの人が自分のプロジェクトに関連する自社の都合だけを自分の視界のみで見ているように思うのです。もっと**外に目を向けて積極的にアイデアを盗みに行った方が良い**と私は思うのです。

リアプライには利点が3つあります。①どこかで成功しているアイデアを土台にした方がプロジェクトに圧倒的なスピードをもたらす、②どこかの消費者で試されている分だけ成功の確率も高い、③これが最も重要なのですが、アイデアを自分で生み出すための引き出し（ストック）がものすごく増える、ということです。自分で考えた全く新しいアイデアのように見えても、全てのアイデアはよく分析してみると、過去に自分が触れてきた人様のアイデアの「断片」の組み合わせでしかない場合が多いからです。

目的意識を持って積極的に外にアイデアの断片を求めることを積み重ねていくと、アイデアをそのまま応用できるケースはそれほど多くはないとしても、自分の頭の中により多くのアイデアの断片を「ストック」できるようになるのです。

そのストックは、アイデアを生み出すときの大きな財産になります。例えば、私がハロウィーン・ホラー・ナイトを発想できたのも、アメリカ在住時代に本場ハロウィーンを家族で体験していたストックが起点になっています。

スパイダーマンをリノベーションせよ！

私は世界中のパークで流行《はや》っているものを手広く調べ上げて、頭の中に様々な断片をインプットしていきました。そのままリノベーションに使えそうなアイデアはすぐには出てきませんでしたが、その中で1つだけ気になるアイデアを見つけることができました。

ユニバーサル・オーランドがスパイダーマン用に開発を進めていた世界最高水準の映

像技術「4K3D」です。エンジニアの知識が全くない私には、4KとはいわゆるHD(High Definition)映像の4倍もの解像度を出す飛躍的な映像技術だということくらいしか理解できなかったのですが、家庭向けTVメーカーが4Kを搭載した新型TVの発売を目指しているという情報も当時耳にしていました。

その4K技術をTVのような小さな画面ではなく、あのハイテクの塊であるスパイダーマン・アトラクションの大3D映像スクリーン全体に使い、臨場感を劇的に高めることを狙うというアイデアです。

「アメージング・アドベンチャー・オブ・スパイダーマン・ザ・ライド」は、初登場以来7年連続で世界最高ダークライド(屋内型ライド・アトラクション)の称号を獲得していました。ユニバーサル・スタジオの世界最先端のアトラクション技術の象徴的存在でした。しかし8年目でその連続記録は途絶えることになったのです。ユニバーサル・スタジオが新しく米国フロリダ州オーランドに建設したハリー・ポッターのテーマパーク「The Wizarding World of Harry Potter」の中にあるメイン・アトラクション「Harry Potter and the Forbidden Journey」にその世界最高ライドの栄冠を奪われたのでした。

そこで、それまでの看板だったスパイダーマンのアトラクションを強化して、ハリー・ポッターと双璧《そうへき》にするべく開発が進んでいるアイデアが4K3D化だったのです。

私はまず、このアイデア「世界最高の映像技術4K3D」でリノベーションをかける新スパイダーマンのコンセプトを開発してみました。消費者調査を繰り返しながら、より強いリノベーション・コンセプトに仕上げました。最後の消費者調査の結果は、ホームランを予感させる非常に高い来場意向を示していたのです。

しかし「よし、このアイデアをいただこう！」と決断するのはそんなに簡単ではなかったのです。まず、実際のゲストの体験価値が、我々がコンセプトでアピールしたものと同様に高いのかがとにかく気になりました。実際に乗ってみても以前との違いがわからない程度ならば、ブランドの信用に関わりますし、集客も絶対に失敗するからです。

また20億円弱で実現できるのか？　という点もその時点では未知数だったのです。そこで私はオーランドにできる新型4K3Dスパイダーマンのプロトタイプ（試作モデル）が乗車可能になるのをひたすら待っていたのです。自分で乗ってみて、実際のゲスト満足を判断することが必要でした。

やっと乗れる状態になったという一報を受けた私はすぐにオーランドへ飛びました。そこでようやく出来たてホヤホヤの世界初4K3Dアトラクションに乗った私は、正直「びっくり」しました。まさかこれほどの臨場感だとは想像もしていませんでした。以前あれほどに感動した大阪にあるスパイダーマンが、随分と旧式で遅れているようにさえ思えたのです。そのリアリティーの差はイラストと写真ほどの違いにも思えました。

4K3Dという技術のすごさの真髄は、あまりに精緻《せいち》な映像で現実の境界がなくなることにあります。科学技術で目の錯覚を最大限に引き起こすスパイダーマンにとっては、まさにうってつけの技術だと思いました。

スパイダーマンのアトラクションは、人間の視覚や聴覚や重力感覚を錯覚に陥れる恐るべきハイテク・マシーンです。ニューヨークの街を飛んだり落ちたり、冷や汗が噴き出す体感があるのですが、実はあのライドはほとんど平面の上を移動しているだけの非常に安全なライドなのです。

あの上がっていく感覚も、落ちていく感覚も、ユニバーサル・スタジオの技術が生み出している錯覚です。4K3Dはその錯覚度合いを飛躍的に伸ばす効果があることは明らかでした。

残された課題は、予算にはまるかということでした。しかも20億円弱を全部使うわけにはいきません。ホームランを予感させる需要予測のデータはありましたが、これ1つではプラス20%の目的に届かなかったからです。何とかもう1つリノベーションを仕掛けるための予算を確保して、その残りでこの新型スパイダーマンができないかと試行錯誤が始まりました。

このとき、私は技術部にずいぶん無理なお願いをしました。4K3Dを実現するためには、既存の映像プロジェクターや映像データを管理するサーバなど多くの高価な機器を買い換えないといけなかったので、予算にはめることは簡単なことではなかったのです。

しかし目的の達成のためには、何としてもやってもらわないといけなかったので、私はひたすら全関連部門を強行にプッシュして何とか道をつけてもらいました。

そして、もう1発を仕掛けるための最低限の資金を残すこともできたのです。

スパイダーマンの４Ｋ３Ｄは、私の頭の中から捻《ひね》り出したアイデアではありません。頭の外から見つけてきたアイデアです。しかもラッキーなことに、アイデアのみならず実施プランまでオーランドのプロトタイプをほぼそのまま適用することができたのです。

アイデアの必要条件を突き詰めたことで、リノベーションのアイデアを求めるべきと判断し、世界中のアイデアに網を張ったところかかった大物でした。

ただしそれを普通にやってしまうと「リノベーション」は必ず失敗します。それはリノベーションの成功法則に反してしまうからです。**リノベーション成功の鍵《かぎ》は、「変化の度合いはリノベーションなのだけど、いかに新築だと思ってもらえるか」その1点に尽きるのです。**「今までのスパイダーマンが４Ｋ３Ｄになりました」という物理的な変化を静かにやっただけでは必ず失敗するのです。

重要なのは「消費者が実感できる体験価値の違い」と「それが違うという期待値の刷り込み」。このどちらかが欠けてもリノベーションは失敗します。

だから米国で開発中だったアトラクションのハードそのものは輸入しましたが、それをより強い集客コンセプトに磨き上げ、強力なＴＶＣＭを開発し、オーランドもやらなかった大々的なマーケティング・サポートで消費者の中に「新しいスパイダーマンは今までのとは全然違うらしい」という認知形成を行いました。実感するポイントを事前に誘導しておくことで、消費者は体験価値の違いを知覚しやすくなるからです。

おかげさまで、このスパイダーマン4K3Dは2013年夏のオープン後、集客とゲスト満足の両方で大きなホームラン軌道を描いて飛び続けています。

世の中からアイデアを探して盗んでくることを真っ先にやることは、マーケティングをやる人間には絶対に必要だと思っています。誇りを持ってやるべきです。自分たちでゼロからアイデアを捻り出すのは、本来は探してどうしても見つからないときの最後の手段であるべきだと私は考えています。そしてリノベーションは、それがリノベーションだと気づかれないくらいの新しい価値を創造できたときに成功するのです。

答えは必ず現場にある

リノベーションのアイデアの1つは定まりました。しかしそれがホームランとして飛んでも、必要なプラス20%の集客の積み増しには届かない状況は明らかでした。スパイダーマンのアップグレードで全部使い果たさずに、残りの設備投資の資金がわずかだけ（どこかの宝くじの大当たり程度）残っていました。それでもう1本大きなホームランを打たねばなりません。

既存のアトラクションのどれかを改造するしかないことはわかっていました。しかしわずかな金額でゲストが大喜びする付加価値を創り上げるアイデアは、なかなか見つからなかったのです。

部下たちと一緒にどれだけ呻《うめ》きながら時間をかけて考えても、どれだけ世界中から集まるアイデアの断片を組み合わせても、それらの新しいコンセプトをあれこれ調査にかけても、スパイダーマンに遠く及ばないシケたアイデアばかりで、あっという間に何百というボツアイデアの墓場が出来上がっていきました。

アイデアの死体の山を毎日積み上げながら、それでも私はひたすら考えていました。強そうなアイデアを発想しても、すぐに資金の壁でどうしても合わないものばかり。それでも、きっとまだ何かあるはずと思い、パークを歩きながら、1つ1つのアトラクションを必死で眺めながら、ゲストが「体験してみたい！」と思える何かを思いつくことを切望しました。

私もだんだんと疲れてきました。10周年以来の連戦連勝を見ていた周囲からは「この人ならそれでもきっと何とかしてくれるだろう」という露骨な期待をひしひしと感じました。心が健康な状態ならばそれも励みになるのですが、このときは本当にその視線が重かったのです。疲れていたのです。

夜もまともに眠れなくなってきました。考え続けると、疲れているはずなのにかえって目は冴《さ》えてきて、気がつけば一晩中天井を睨《にら》みながらアイデアを考え続けている日々。

「そんなわずかな資金で大ヒットを放てる都合の良い魔法がある訳がないだろう」

そんな声が頭の中で響き始めるようになりました。その声を「いや、必ず何かあるはず!」という別の声で打ち消し、ファイティングポーズだけは絶対に崩しませんでしたが……。

今考えると、そのときの私は明らかに万策尽きていたのです。毎朝、逃げ出したい衝動に駆られていました。それでも鏡に映る自分に「絶対に大丈夫」と暗示をかけて、出社してから周囲に不安を見せないようにしていたのです。

私は毎日パークを歩き回っていました。アイデアを必ず生み出すぞと、情熱を超えた執念だけはずっと燃やし続けて、ひたすら歩き回っていたのです。

前職でお世話になった元上司は「困ったら、答えは現場にある」と教えてくれました。実際のお店に並んでいるシャンプーの棚や商品を選ぶ客を観察することから、私は様々な問題を解決する策を覚えたものでした。

このときも私はパークを歩くことをやめませんでした。まさに産みの苦しみの日々でした。日に日に周囲からの重圧も高まり、本当に苦しかったのです。そんな状況で諦《あきら》めなかったのは、自分の信じる構想があったからです。10周年を必死の思いで逆転大勝利して、2012年度は虎の子のユニバーサル・ワンダーランドがきっとファミリーを取り戻してくれる。その次の2013年度さえ生き延びれば、ハリー・ポッターの導入まで本当に連続ヒットで繋《つな》ぐことができるはずです。

自分の描いた絵はもう走り出しているのに、それを完遂できないと、会社や従業員にとんでもない不義理をしてしまう。そんな恐怖に怯《おび》えていました。

しかし高まる重圧と戦いながらアイデアを考え続けた苦しみの果てに、ついにその瞬間はやってきました。

私の窮状を憐《あわ》れんだ「アイデアの神様」が、ついに降りてきてくれたのです。

その日、私はパークの「メルズ・ドライブイン」というアメリカン・ハンバーガーのテーマ・カフェテリアの前に立ち、パークの誇る高性能ジェットコースター「ハリウッド・ドリーム・ザ・ライド」を眺めていました。

相変わらずアイデアを探求していたのですが、そのときは「キャー」という悲鳴とともにライドで走り抜ける楽しげなゲストの姿を見つめて、疲れた自分の心を無意識に休めていたのかもしれません。ずいぶん長くその前に立っていたように思います。

その夜のことです。

疲れた心をベッドに転がして、いつものように何かアイデアはないかと考えながら、私は眠りに落ちていきました。

すると夢を見ました。ものすごく鮮やかなカラーの夢を久しぶりに見たのです。

その夢の中で私は見てしまったのです。

ハリウッド・ドリーム・ザ・ライドが走り抜けたあの昼間の映像が、逆回転再生されているシーンをまじまじと見ていたのです。

そのとき、コースターはいつもの右から左ではなく、左から右に走り抜けていったのです！

私はガバっと跳ね起きました！

夜中の午前2時34分、寝ている間についにアイデアの神様がやってきたのです！

自分がたった今何を見たのかはわかっていました。とんでもないものを見たことがわかっていました。でも、それが何なのかを一言で言い当てるには少々間があったのです。焦りながら頭の中身を整え、明確に意識した瞬間に「これだ――っ！」と大声で叫んでいました。急いでベッドの枕元に置いてあるアイデア・ノートに、たった今見た「絵」を詳細に書き取りました。

これがアイデアの神様が降りてきた瞬間です。後ろ向きに走るコースター、「ハリウッド・ドリーム・ザ・ライド～バックドロップ～」というコンセプトが産まれたのです。既にあるジェットコースターのレールやプラットフォームを活用し、新しく後ろ向きにゲストを乗せる特別車両さえ開発すれば、設備投資コストはその車両分だけで済むはずという私の頭の中だけの勝手な計算。そしてこのハリウッド・ドリーム・ザ・ライドの導入初年度の追加集客数から勝手に割り出した、予想集客数の計算。それらの計算は、神様が降りてきた直後に始め、日の出前には既に完了していました。

私は、このアイデアが絶対に成功するという直感に興奮していました。ジェットコースターが最初のドロップを後ろ向きに落ちることを想像するだけで、誰でもそのスリルを直感的に理解できると思ったからです。コースターが後ろ向きに落ちていく角度こそ、人間の本能が最も恐怖を感じる後頭部からの落下だからです。

コロンブスの卵のような、なんて天才的なアイデアなんだ！

私は一人で勝手に興奮していました。

技術陣の大反対

その朝、私は会社で「後ろ向きに走るコースター」なるアイデアをブチ上げました。そうしたら、スズメバチの巣に石をぶつけたような大反対が起こったのです。

技術陣から「無理、絶対に無理」と言われました。

「ジェットコースターというのは安全第一なのです。ハリウッド・ドリーム・ザ・ライドは前向きに乗車することを前提に、ゲストにかかる負荷（重力加速度G）を緻密《ちみつ》に計算して設計されているので、後ろ向きに人を乗せて走らせたときにその安全が保証できる可能性は極めて低いと思われます」

また、こんなことも言われました。

「仮にその安全性の検証が奇跡的にOKな場合でも、当局の認可を一度前向きで取った同じライドで別目的で取り直すなんて前例は聞いたことがない。認可承認が絶対にその期間では取れないから無理です」

さらに、技術陣はこうも言いました。

「後ろ向きコースターのアイデアがそんなに消費者にウケる素晴らしいアイデアならば、世界中にいるコースターの専門家が既に思いついてやっているはずです。どこにもそんな後ろ向きの高速コースターが存在しないことを見れば、それをやらない方が良い理由が必ずあるはずです」

最初の2つのポイント、安全性検証と許認可の課題は、越えなければならない壁だとは思いました。しかし、私が頭に来たのは3つ目のポイントです。これはまさに「方向性を間違えたこだわり」です。これこそが技術志向の最大の癌だと思いました。その瞬間に自分の頭の中で猛烈な火花がバチンと発火する音が聞こえました。

「このアイデアを批判する前に、じゃあ誰でもいいから代案を出してみろ！」

私は轟然《ごうぜん》と言い放ちました。

「安全性検証と許認可の課題に会社を挙げて全力で挑戦する前に、このアイデアを諦めるべきというならば、その理由を言ってみろ！　やらない理由、やれない理由ばかりを挙げてその意識に囚《とら》われるのではなく、どうしたらやれるようになるかを一緒に考えてくれ！」

これはもう戦争だと私は覚悟を決めたのです。

もちろん、これがほんの少しでも安全性のリスクを高めるアイデアならば、他の誰よりも早く私自身がこのアイデアを殺すつもりでした。人の命を乗せるのに、1ミリの妥協もあってはならないですから。

ただ、私が絶対に我慢ならなかったのは、挑戦する前に、実際に全力を尽くす前に、諦めることでした。アイデアというのはそんなに安いものではないのです！　そして2013年を生き抜くことは、会社の未来を創ることそのものでしたから、ベストを尽くさず諦めるなど絶対に選択肢にはなかったのです。

このとき、最大の救いになったのがCEOであるグレンの存在です。私はその当時、マーケティング部長から本部長・執行役員に昇格し、マーケティング部・営業部などの商業部門からエンターテイメント部まで5部門を束ねていました。しかし、技術部門や運営部門は別ラインだったので、こういう見解の違いを素早くまとめて前に進むには、グレンにアイデアの良さを理解してもらう必要があると思って先手を打ちました。「後ろ向きに落ちるコースター」がどれだけ素晴らしいアイデアか、彼にも理解してもらいたかったのです。

本来は調査データを添えて彼を説得するのですが、そのときは思いついたばかりで調査はこれからという段階でした。

しかし彼は私から聞いてからわずか数秒で「これは天才的なアイデアだ！」と理解してくれました。そして「バットを振れ！」と応援してくれたのです。

ハリウッド・ドリーム・ザ・ライド～バックドロップ～の誕生

当初は強く反対していた技術陣も、私の強引なお願いとグレンの明確な支持を受けて、更にはパークの危機を共有している仲間として、実現に向けて動き出してくれました。残された時間に余裕はありません。彼らはそれは必死で、献身的に取り組んでくれました。

念には念を入れて安全性の慎重な検証を行った結果、なんと後ろ向きでも全く問題がないことがわかりました。これはハリウッド・ドリーム・ザ・ライドの基本性能が極めて高かったからです。世界最高のジェットコースターメーカーとの評価が高いスイスメーカーの技術の粋を集めて作られたライドだったからです。

このコースターに乗った経験のある方はわかると思いますが、他のパークによくあるコースターとは大きく違う特徴があります。それは、あまりにスムーズで滑らかに走る点です。コースターにありがちな「ガタガタ感」や「横揺れ感」がほとんどなく、むしろ「自由に飛んでいる感じ」や「心地よい浮遊感」を感じるのは、精密な設計と緻密な施工がなされているからです。

その分、当時はものすごいコストをかけて建設されましたが、その基本性能のむちゃくちゃな高さのおかげで、「後ろ向き」という非常識な走行パターンでも人間にかかる負荷は安全に全く問題のないレベルでコントロールできることがわかったのです。

また、前例のなかった同一のコースターを別用途で再び認可を取ることに関しても、当局の御理解を得るべく技術陣が大変な奮闘をしてくれました。その努力に今はただただ感謝しています。

我々はついに、後ろ向き乗車の新型車両「Vehicle No.5」の開発に踏み切ったのです。この特別車両は、前向き車両が薄紫に塗装されているのに対して、よりスリルを強調すべく「真っ赤」に塗装することにしました。そしてハリウッド・ドリーム・ザ・ライドのもう1つの特徴である「音楽を聴きながらジェットコースター体験ができる」点を活《い》かすべく、ハリウッド・ドリーム・ザ・ライド～バックドロップ～のマーケティング活動の軸になる強力な楽曲を探すことに注力しました。

そしてありがたいことに、国民的アイドルグループSMAPさんとコラボして、このジェットコースター体験と見事にシンクロする新曲「Battery」を作っていただき、それをコースターに搭載することができたのです。

SMAPさんとのコラボのおかげで、このハリウッド・ドリーム・ザ・ライド～バックドロップ～は俄然《がぜん》ゲストの注目度を増すことができました。TVCMにも「Battery」をテーマ曲として使わせていただき、本能的に最もヤバいと感じる後頭部からの落下に焦点を当てたコミュニケーションを開発しました。このTVCMの事前調査の結果が我々に勝利への絶大な自信を与えてくれました。

やってみればやれるものです。このハリウッド・ドリーム・ザ・ライド～バックドロップ～は、2013年春にオープンするなり長蛇の列ができました。ついには日本におけるアトラクションの待ち時間記録を更新（9時間40分、2013年3月21日）するほどの大人気アトラクションとなったのです。

2013年度は、ディズニーランド30周年のパワープレイと、ハリー・ポッターの行き控えでUSJの集客がどうしても削られる運命の1年でした。その凹《へこ》みの影響をマイナス15%と踏んだ我々の予測は、上半期を終えた10月現在、恐ろしいほどに的中しています。

そしてもう1つ的中しているのが、プラス20%の積み戻しプランです。苦労して仕込んだ2つのリノベーションが大ヒットしています。春に打ち上げた「ハリウッド・ドリーム・ザ・ライド～バックドロップ～」、そして夏にオープンした「NEW アメージング・アドベンチャー・オブ・スパイダーマン・ザ・ライド―4K3D」の両方がものすごい大成功で推移しています。凹みは凹みとして確かにあるのですが、それを取り戻すプランが機能したおかげで、あれだけ大成功して1000万人に迫る975万を記録した2012年度に比較しても集客は上回り、尻上《しりあ》がりに強くなって上半期は104%で終えることができました。このままのトレンドで計算すれば2013年度は1000万人にかなりの確度で到達するペースです。

ここまでの私の3年間は、9回裏二死ランナーなしから、本当に連続安打で得点を重ねて繋《つな》げてきました。大きなプロジェクト、シーズン、年トータルでは、1つも外さず全部成功させることができました。細かいものを入れると、私のUSJでの通算成績は

34打数33安打、打率9割7分1厘、本塁打率4割1分2厘になります。

達成しなければならない目的に対して、あまりに経営資源に余裕がない戦いを積み重ねてきました。重い荷物を背負って一歩一歩進んできたのですが、気がつくと第2ロケットへの点火が目前に迫るところまで、我々は何とか辿《たど》りついたのです。

第6章　アイデアの神様を呼ぶ方法

ピンチをチャンスに変える「イノベーション・フレームワーク」

最近私は各方面から似たような質問をされることが増えてきました。それは「革新的なアイデア」をひらめくにはどうしたらよいのか？　というミリオンダラー・クエスチョンです。

このような質問をして下さるのは、最近のパークの好調に注目し始めたメディア関係の皆様や、USJのV字回復を注視してこられたパートナー企業（パークを支援して下さる企業スポンサー）の幹部の方々です。私をよく知らない多くの方は、私が非凡なアイデアを次々とひらめく才能に満ちている人間だと期待されているようです。

しかし、私は元来クリエイティブな人間ではありません。少なくとも右脳人間ではないのです。自分ではそういう自覚があります。「どうして次から次にヒットのアイデアが湧いてくるんですか？」と聞かれても少々戸惑います。会社を転ばせないようにただ必死で「数字だらけの四角い頭」を捻《ひね》りながら走ってきたというのが真相です。人様に披瀝《ひれき》できるような発想法なんてずっと意識もしていませんでした。

しかし半年ほど前にある方から、「森岡さんがバリバリの左脳人間だったのは意外でした。でもそれだけ何度も何度もアイデアを捻り出して全部当ててきたのですから、間違いなく**アイデアをひらめく成功法則**があるはずですよ。もしかして左脳人間の方がそれを体系化するのに好都合かもしれませんね」と言っていただいたことがありました。そのときふと思ったのです。もしもアイデアをひらめく確率を高める方法が本当にあるのなら、もしもそれを整理して部下や周囲に活用してもらうことができるなら、私のモグラ叩《たた》きな人生も少しは楽になるのではないかと。そしてパーク事業にかかわるアイデアがボトムアップで素早く生み出されて、バンバン実現されていく組織にできるのではないかと思いました。

そこで、最初は社内のトレーニング開発を主な目的として、自分の発想法や思考を深めていくときのパターン、またひらめく場合やそうでない場合のパターンなどを、自分なりに整理してみることにしました。過去の事象を思い出せる限り書き出して、自分の中での成功と失敗の違いがどこに起因しているのかを分析してみたのです。

ベッドの傍らで山のように積み上がったボツアイデアや、その起点を書き留めたノートが非常に役に立ちました。そして、成功法則をある程度まとめた段階で、周囲の人にこの発想法がどの程度役に立ちそうかをヒアリングしてみると、新たな発見がありました。

意外に私のやり方が好評だったのです。

偶然性への依存度が低いことが「新しい」と。私が偶然性をできるだけ排除した結果なのですが、合理的に確率を高めることで、右脳的天才タイプではない人にとっても理解しやすく、実践しやすい。そして報われそうな気がするという「真似しやすさ」です。

そんな折に角川書店の亀井《かめい》編集長から、USJのV字回復を活字にするべく本書の御縁をいただき、その中で「アイデアを生み出すノウハウ」をできるだけシンプルにまとめてはどうかと提案をいただきました。

右脳的でもクリエイティブでもない私のやり方は、もしかしたら汎用《はんよう》できる人の範囲は広めかもしれません。正直どこまで有用かはまだわかりません。ただ、革新的なアイデアを生む確率を高める方法を意識できる人は、それぞれの立場で成功する確率が格段に上がるはずです。

この章では、強いアイデアを生み出す確率を高める「イノベーション・フレームワーク」について解説します。

イノベーション・フレームワークの概念をまとめると、次のようになります。4本の柱で支えている家を想像していただければと思います。

〈イノベーション・フレームワーク〉

①　フレームワーク

②　リアプライ

③　ストック

④　コミットメント

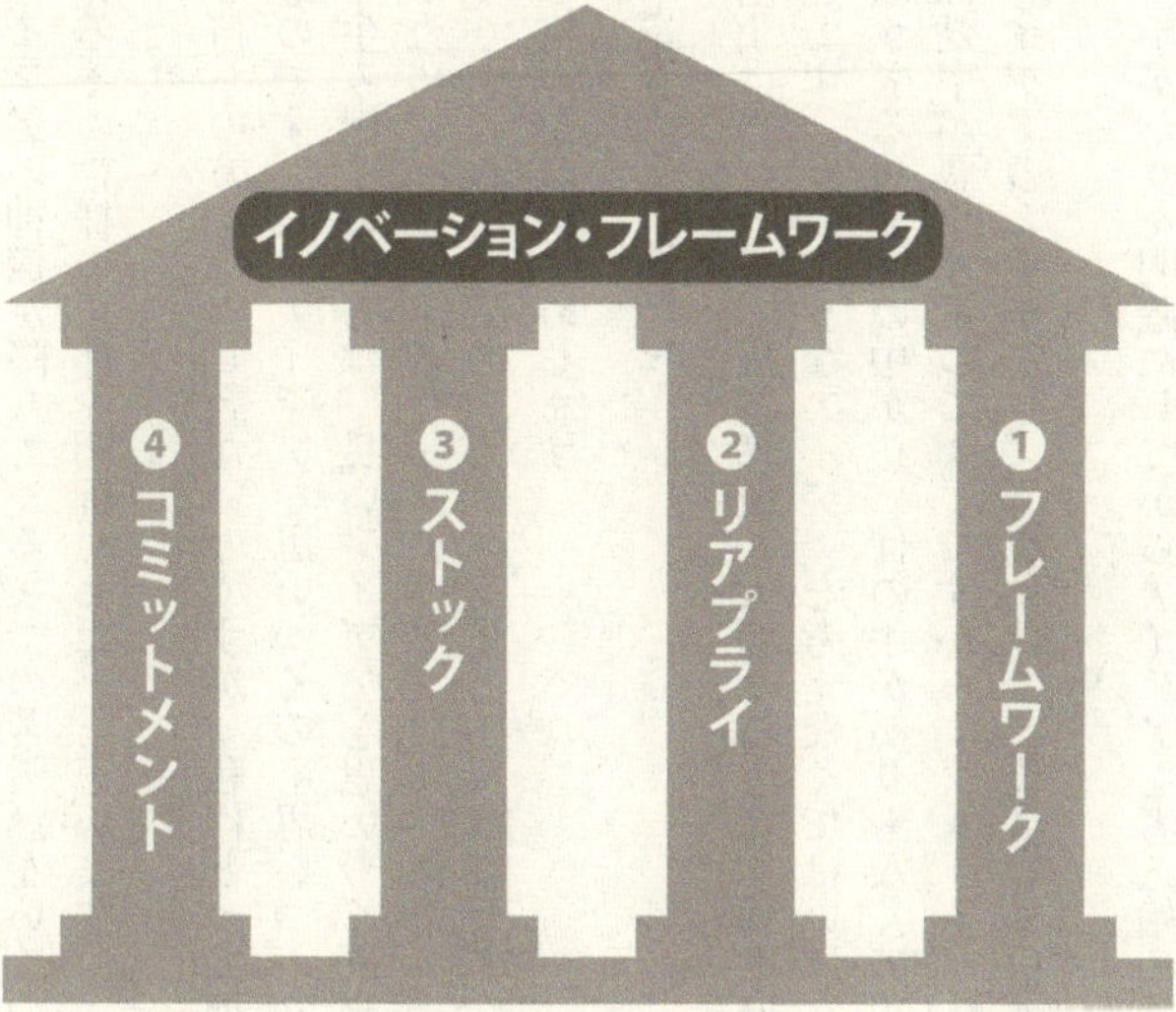
イノベーション・フレームワーク
❶フレームワーク
❷リアプライ
❸ストック
❹コミットメント

これまでの章でアイデアの神様が降りてくるまでの苦労話をいくつか書いてきましたが、最初に私が考えるその神様の正体を明確にしたいと思います。

神様の正体は確率です。

特定の宗教観をお持ちの方には申し訳ないのですが、私にとって神様を信じるとしたらそれは「確率」なのです。良いアイデアを思いつくのも思いつかないのも確率。つまり、良いアイデアを生み出す方法とは、良いアイデアを思いつく確率を上げる方法です。その確率を高めるために、フレームワーク、リアプライ、ストック、コミットメントの4つを強化するのです。あなたがアイデアが次々とひらめく天才でないならば、私のように確率を高める努力をおすすめします。

フレームワークでポイントを絞る

アイデアを生み出すに当たって、最初に最も大切なことは、**何を必死に考えれば良いかわかっているこ**とです。どのようなアイデアを考えなくてはいけないかがわかっていなければ、漠然と広すぎる可能性の中から、何の手がかりもなくアイデアを探すことになります。それでは効率が悪すぎるのです。ですから「フレームワーク」という道具を使って、探すべきアイデアの「手がかり（必要条件）」を推理して導き出すのです。

フレームワークで手がかりを明確にしてからアイデアを考え始めるのは、魚釣りでいうなら、どのポイントで釣り糸を垂らすかを決めてから、釣りを始めるのと同じです。

アイデア探しでは「フレームワーク」が魚群探知機に相当します。それがなければ広い海を膨大な時間をかけて走り回ることになりますよね？　ビジネスのアイデアでも同じように、何を必死に考えれば良いかわかっていないと、膨大な時間を無駄にすることになってしまいます。それでは「確率」が低いのです。


「良いアイデア」を出すにあたって、ほとんどの人が実はよく考えていないのが、次の2点です。

①　良いアイデアとはどんな条件を満たすアイデアのことか？
②　それらの条件を組み合わせて、良いアイデアを探すにあたっての着眼点（釣るポイント）をどこに定めて頭脳をフル回転させるべきなのか？

アイデアを考えるにあたって「どこに宝が埋まっているか」に予想をつける戦略眼、それが「フレームワーク」の役割です。フレームワークを駆使することで、広大な畑のどこに宝が埋まっているのかを推理して見当をつけてから、ようやく手足を動かして掘り始めるのです。

私はとても短気な性格なので、ひたすら畑を隅から隅までコツコツと掘り起こしていくような忍耐力がありません。できることなら最小の努力で最大の効果をあげたいと願っています。だから手足を動かす前に頭を使って、掘る労力ができるだけ少なくて済むようにしたいと思うのです。

この宝探しに使うフレームワークで私が考える重要な点は、**アイデアが満たすべき必要条件が明確になること**です。

私が宝探しによく使うフレームワークは次の3つです。これら1つ1つは私自身がオリジナルで発明したものではありません。もちろん勉強と実戦を繰り返して独自の理解と練り込みを加え続けていますが、基本的には多くの本や諸先輩方から学ばせていただいたものです。

- 戦略的フレームワーク
- 数学的フレームワーク
- マーケティング・フレームワーク

最後のマーケティング・フレームワークはあまりに専門的な領域なので、ここでは主に戦略的フレームワークと数学的フレームワークの考え方を紹介します。

戦略的フレームワーク

これは戦略を考えるときのフローを利用して、**考えるべきアイデアの必要条件を導き出す方法です**。具体的には、目的、戦略、戦術の3段階を必ずその順番で考えていきます。何よりも大切なのは、最初に目的をよく考えて、明確に定義することです。その上で、その目的を達成するために、持っている経営資源（ヒト、モノ、カネ、情報、時間、ブランド等の知的財産など）を何に集中するのかを選んで決めます。その選択が戦略なのですが、理解として大切なのは**その戦略こそが生み出すべきアイデアの範囲を決める「必要条件」そのものになっている**ことです。なぜならば、アイデアとはその戦略の延長線上で次に考えるべき戦術そのものだからです。

簡単な例を挙げます。男性が彼女とケンカした後、どうやって仲直りすればよいか、その仲直りのアイデアを考えたとします。戦略的フレームワークでは、具体的なアイデアをいきなり考えるのではなく、こういう順番で考えることになります。

目的は「彼女と仲直りすること」です。次に戦略は、「彼女の好きなもので歓心をかう」とか、「彼女の信頼する人に仲介してもらう」など大まかな方針を選択しなければなりません。どの戦略がうまく行くかは状況や彼女の性格次第ですが、この場合は仮に「好きなもので歓心をかう」方針が一番良いと判断したことにしましょう。

その瞬間に、考えるべき戦術（つまりアイデア）の範囲がすごく絞れたことが御理解いただけるでしょうか？「好きなもの」以外を考える必要がなくなったのです。「歓心をかうに足る彼女の好きなもの」を満たすべき必要条件として絞って考えれば、彼女の好きなアーティストのコンサートチケット、彼女が欲しがっていたバッグ、彼女の好物のロールケーキ……いくらでもアイデアは出てくるはずです。このときに、別の戦略的な選択であった「彼女の親友のAさんに相談する」などは考えなくても良いわけです。

このように戦略的フレームワークは、**目的↓戦略（必要条件）↓戦術（アイデアそのもの）の順番で考えていく**と、選択肢を合理的に絞っていくことができます。最も宝が埋まっていそうなポイントに時間や努力を集中させるのに役立ちます。それ以外を全く考えなくても良い「捨てる領域」にしてくれるからです。

しかも方向性が絞れている分、その戦略（必要条件）が具体的な発想の起点になってくれることが多いのです。この例の場合は「彼女の好きなもの」という方向性が、より具体的なアイデアを生み出す発想のとっかかりとして機能します。

目的：そもそも達成すべき命題は何か？
↓（例：彼女と仲直りする）
戦略：目的達成のために経営資源を何に集中するか？　↑これがアイデアの必要条件
↓（例：彼女の好きなもので歓心をかう）
戦術：具体的にどのように実現させていくのか？　↑これがアイデア
（例：彼女の好きなアーティストのコンサートチケットをあげる）

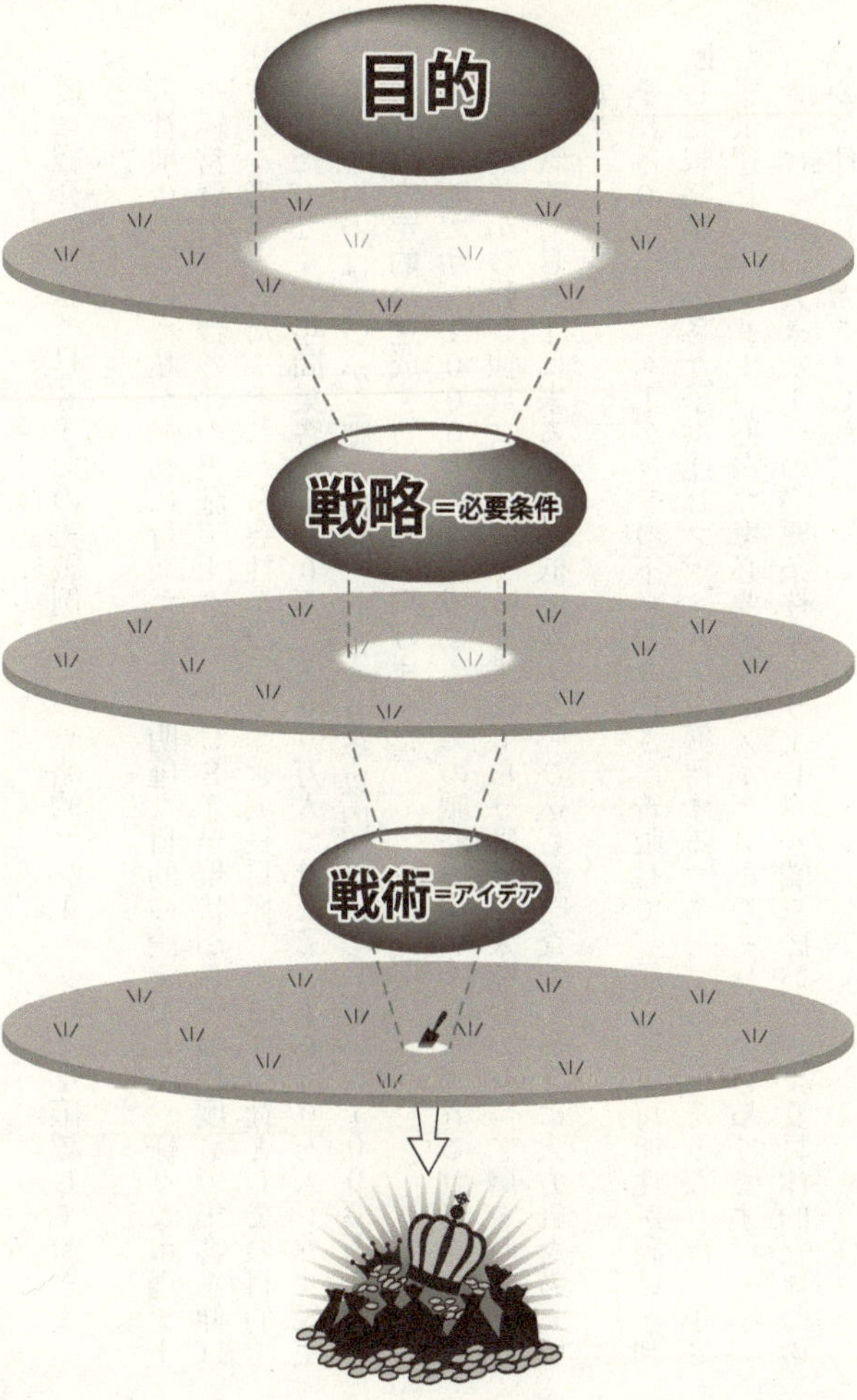
目的
戦略=必要条件
戦術=アイデア

既に紹介した私のUSJでの実戦例でこの戦略的フレームワークを確認しておきましょう。

入社前後の時期に私が最初に行ったのは、明確な目的の設定でした。様々な市場データや経営資料、競合各社の実証データから、USJが現状からどの程度まで集客を伸ばせるかを考えました。そこから会社が設定すべき成長目標、つまり会社としての目的を設定したのです。年間集客は700万～800万人ではなく、1000万人レベルを集客できるのではないかと弾《はじ》き出し、向こう3年以内の目的として、「1000万人の年間集客を安定的に達成すること」と掲げました。

次に戦略です。1000万人を達成するための戦略オプションをあれこれ考えました。USJが昔から強い独身女性により多く来てもらう戦略、未開発のシニア層を呼び込むための戦略、USJに来る頻度が低い地域を呼び込む戦略など、様々に大方針を考えたのです。

それらの中から、ターゲットの不必要な狭さに着眼して、最も達成可能性が高いと判断した戦略が「小さな子供連れファミリーを獲得する」ことでした。そうなれば「小さな子供連れファミリーの獲得」を必要条件にアイデアを考えれば良いわけです。

さらに、その大きな1つの必要条件をもう1レベル嚙《か》み砕いて、より具体的な4つの必要条件として考えました。

必要条件「小さな子供連れファミリーを獲得できる」とは？

①「小さな子供連れは楽しめない」という消費者のパーク全体に対する認識を強く覆すものでなくてはならない。

②実際に数割増えるであろう集客に十分に大きな収容キャパがなくてはならない。

③設備投資資金の予算内で実現できるアイデアでなければならない。

④既存資産とのプラスの相乗効果で経営効率を高めるアイデアであれば尚《なお》良い。

この段階でようやく、これら必要条件を満たすアイデアを具体的に探していくことになります。この4つの条件を足がかりに、当てはまるものをどんどん発想していって、その中から成功確率が最も高いと思えるアイデアを選ぶわけです。

その過程は、なぞなぞを解くのに似ています。必要条件として「使うときに使わない」かつ「使わないときに使う」、これなーんだ？　条件に当てはまる答えは「風呂《ふろ》のフタ」というのと同じです。

USJの場合、小さな子供が親と一緒に楽しめるライドやアクティビティーがたくさんある新ファミリーエリア「ユニバーサル・ワンダーランド」という具体的な戦術（アイデア）を生み出しました。必要条件が絞られたおかげで、例えばシニアを呼ぶためのアトラクションやプロモーションのアイデアを具体的に考える時間はゼロで済んだわけです。

このように戦略的フレームワークとは、目的→戦略→戦術の順番、つまり大きなところから考えてその下の範囲を絞っていくやり方です。無駄な場所をできるだけ掘らずに、その時間を掘るべき場所に使うので、それだけ早く宝を掘り当てる確率が上がります。このように戦略的にアイデアの範囲を絞り込むのが、「戦略的フレームワーク」です。

目的：そもそも達成すべき命題は何か？
↓（例：安定的な1000万人レベルの年間集客の達成）
戦略：目的達成のために経営資源を何に集中するか？↑これがアイデアの必要条件
↓（例：小さな子供連れファミリーを獲得する）
戦術：具体的にどのように実現させていくのか？↑これがアイデア
（例：新ファミリーエリア「ユニバーサル・ワンダーランド」の建設）

最後に、戦略的フレームワークの弱点を書いておきます。実戦において、戦略的フレームワークがうまく機能しない場合があります。**戦略オプション同士を比べただけでは戦略を選べない場合**です。その場合は具体的な戦術（アイデア）まで考えて、実現可能性をかなりのレベルまで検証しなければ、1つを選べないことになります。

戦略的フレームワーク

目的 1000万人レベルの年間集客の達成

戦略 ファミリーを獲得する

ファミリー層を獲得する必要条件

①「小さな子供連れは楽しめない」という消費者の認識を覆すものでなくてはならない

②実際に数割増えるであろう集客に十分な収容キャパがなくてはならない

③設備投資資金の予算内で実現できるアイデアでなければならない

④既存資産とのプラスの相乗効果で経営効率を高めるアイデアであればなおよい

戦術 新ファミリーエリア「ユニバーサル・ワンダーランド」の建設

これは真理ですが、どれだけ優れて見える戦略でも、実現性がなければ机上の空論になります。戦略的フレームワークで掘る範囲を絞り込むときに、ある程度の実現可能性を気にしておくことが大切です。実際のビジネスでは、時間や経営資源が許す範囲で、戦略と戦術（アイデア）の組み合わせのセットを2つ3つ同時に追いかけることはよくあることです。

それぞれの戦略やアイデアの実現可能性を検証しない限り、意思決定は安易に行わないケースが多いからです。決めないことを許容できる状況なら、簡単に決めないで意思決定の精度を高めていくことはありだと思います。

しかし、私自身は、戦略段階での意思決定をどれだけ早くできるのかを意識しています。不必要に早く決めないことは理論上は正しいのですが、実戦においては意思決定の早さは多くの場合で必要とされ、タイミングを逸すれば状況が不利に展開する場合がほとんどだからです。

戦略を早く決めることも、早く決めないことも、それぞれ拙速か巧遅のどちらかのリスクを抱えることになります。大事なのはどちらのリスクもわかった上で、「今決める」か「まだ決めないか」を選ぶことです。

テーマパーク業界に関して言えば、大抵の場合、戦術上の成功・不成功はやってみないとわからない割合が多い……。初めて開発するアトラクションやショーにおいては、結局どのようなゲスト体験を作れるかということは最後の最後に実際に見てみるまでわからないことが多いのです。

素晴らしい戦略から生み出した素晴らしいショーのアイデアであっても、実際に作ってみたら大失敗みたいなことが起こりえるのです。ですからこのビジネスでは尚更、できる限り早く戦略を定めることで、より長い時間を戦術の実行（エクセキューション）に費やせるようにしなければならないと考えています。

実際のアトラクションやショーの作り込みにちゃんとチェックポイントを設けて、マーケティング主導でゲスト満足を向上させられるか検証しながら進めていくのには、それなりの時間がかかります。逆に言えば、ちゃんと時間をかけないと、戦術レベルのリスクを下げることができないのです。そのために私は、意思決定をより早くできる能力を磨くべく強く意識しています。全ては戦術の実行（エクセキューション）にちゃんと時間を割くためです。

このように戦略的なフレームワークの良さを活《い》かすためには、早い戦略の意思決定が必要になってきます。しかし、たとえ3ヵ所掘ることになったとしても、やみくもに畑全体をあちこち掘るよりははるかに効率的なわけで、宝に早く辿《たど》りつく「確率」は劇的に高くなるのです。

数学的フレームワーク

「数学的フレームワーク」は、一言でいえば「ロジック」そのものです。正しい目的を設定するために、問題の本質を発見するのにとても役立ちます。先ほどの戦略的フレームワークで言うところの「目的の設定」の箇所によく使うわけです。

問題の核心を明確に捕まえ、それを解決するためのアイデアでなければ、どのようなアイデアも徒労に終わります。**何を解決するためのアイデアなのか？**　そのために解決すべき問題を最初に明確にするということです。

数学的フレームワークのアプローチは、数学的な思考を使ってビジネスの因果関係を論理的に分析し、現象の奥底にある問題の本質（宝）や可能性に辿りつくアプローチです。私は数学がものすごく好きだったので、数学的なモデリング（需要予測モデル、重回帰分析による因子解析など）を多用しています。それは問題（ビジネスチャンス）を発見測定するのに非常に有効な武器になっています。

しかし本書では高度な数学や計算を駆使するよりも大切なことに焦点を当てます。数学的な頭の使い方をすること、つまり**ロジカルに頭を使うことで正解に辿りつく確率が高くなる**のです。

学校で習う数学が社会に出て何の役にも立たないと言っている大人をよく見かけますが、非常に残念に思います。その人はロジカルに頭を使って生きていないと御自身で言っているようなものです。

私に言わせれば「数学」以上に問題解決に役立つものを学校では教えてくれないと思うのですが。数学が実社会で役立つという意味は、関数電卓でできるような計算力ではなく、むしろその論理的な思考力の方なのです。

数学的フレームワークでは、論理的に宝を探します。特に問題の原因の発見や、可能性の発見に向いています。宝がどこにあるのか、**足して100になる仮説を立てて検証するやり方**です。

目の前に四角い大きな畑があると思って下さい。この畑のどこかに宝が埋まっているとします。その宝を探し当てるのに、この畑全体を100として、どこかに線を引いてAとBの2つに分けます（足して100になるなら、いくつに分けても構わないですが、話を簡単にするために2つにします）。例えば仮に、Aが50、Bが50の半々に分けたとすると、Aを掘り進めて宝を発見したらOK、もしなければ宝はBに埋まっていることがわかります。

そうなれば次はBを100として、それをCとDに分けてどちらかをまた掘っていきます。Cを掘ってあればOK、なければDに宝が埋まっているのでDをさらに100にして区分けして行きます。そうやって畑を区分けしながら掘っていくと、最後は必ず宝のありかに辿りつくはずです。

数学的フレームワーク

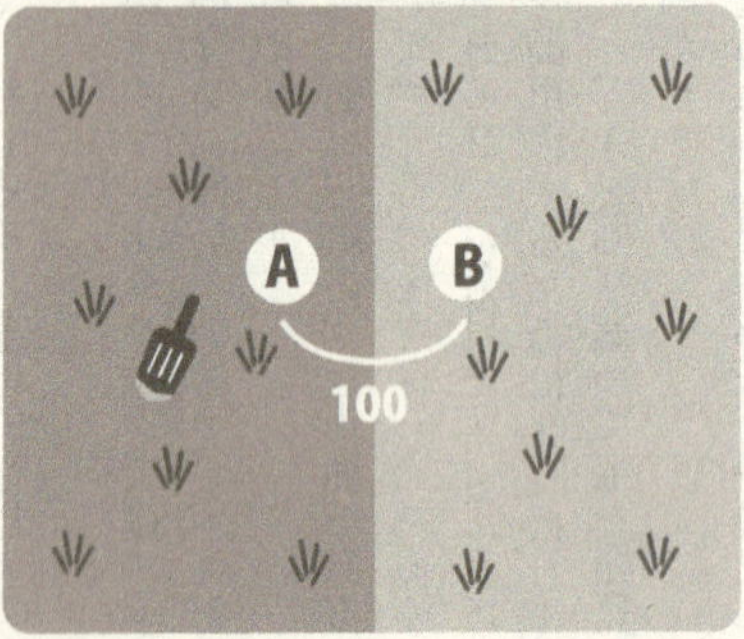

100の面積の畑をⒶとⒷに分割し、宝が埋まっていると仮説を立てたⒶを掘ってみる。ⒶとⒷの割り方は仮説によって変わる。50：50でも、60：40でもいい。ポイントはⒶ＋Ⓑ＝100になること

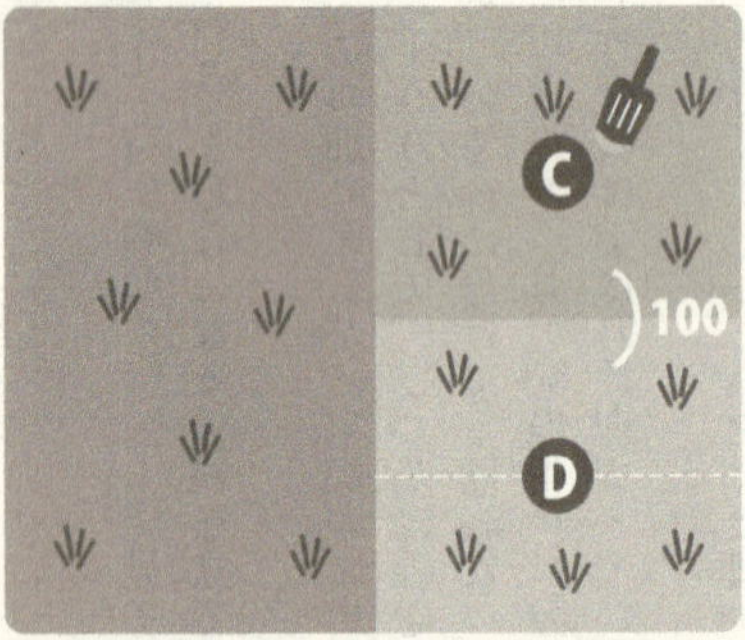

Ⓐに宝がなければ、次にⒷをⒸとⒹに分割し、Ⓒを掘ってみる。Ⓒからも宝が出なければ、Ⓓを分割し……と繰り返していく

例えば、ある遊園地で「集客数が減少している」という問題に直面したとします。集客数が減少するというのは目に見える「現象」に過ぎず、問題そのものではありません。問題そのものは、現象の奥底にある集客が低い「原因」であり、その原因を明確にしない限りは、年間集客を増やすための正しいアイデアは生み出せませんよね。

なぜ集客が下がっているのか？　その「原因」を捕まえるために、畑全体を掘って原因（＝宝）をやみくもに探しても非効率です。

数学的に頭を使わない人は、例えばこんな風に仮説を考えてしまいます。

「子供連れファミリーの集客が下がっているのか？　あるいは女性の集客が下がっているのか？」

それじゃダメなんですね。なぜなら足して100にならないからです。女性と子供連れファミリーには「重なり（母親）」がありますし、ファミリーでない男性が視界から落ちているから100にならない。この重なりは非効率を生み、視界落ちは宝を見失う可能性があります。

数学的に頭を使う人ならこんな仮説を立てます。

「男性の集客が下がっているのか？　女性の集客が下がっているのか？」

「11歳以下の子供の集客が下がっているのか？　12歳以上の集客が下がっているのか？」

「子供連れファミリーの集客が下がっているのか？　それ以外の集客が下がっているの

か？」

これらは、それぞれ足すときちんと100になりますね。ですから、子供連れファミリーを調べて本当に顕著に下がっているなら、その原因（＝宝）を探し出せればOK、見つからなかったらもう一方のどこかに宝が埋まっていることが明らかになるのです。

そしてもう一方の畑を区分けする仮説を立てて、その一方を調べていくことになります。それを繰り返していけば、この人はいつか必ず宝のありか（問題の原因）に辿りつくことができるようになります。

戦略的フレームワークや、数学的フレームワーク以外にも、宝探しに使えるフレームワークはいろいろとあるはずです。私はもう1つ「マーケティング・フレームワーク」をよく使います。これはかなり専門的になるので、本書では詳細は割愛しますが、端的に言うと「人の頭の中に強力なブランドを構築していくための勝ちパターン」になります。そのあるべきパターンに比べてみて、理にかなっていないところに改善するチャンス（＝宝）が埋まっています。これらのフレームワークは、どれを使ってもいいのですが、結局可能にするのは、こういうことです。

●勝つためには何が「必要条件」となるのか見当がつくようになる。
●何を必死に考えないといけないかがわかるようになる。
●宝が埋まっている可能性の高い箇所を掘れるようになる。

●結果として良いアイデアをひらめく「確率」が向上する。

「ハリウッド・ドリーム・ザ・ライド～バックドロップ～」を思いつけたのは、「既存のアトラクションをひねるアイデア」を考える必要があるとフレームワークでわかっていたからです。使用可能な予算金額から考えると新規アトラクションを建設するのは厳しいこと。既存アトラクションを改造したものでニュースにするには、消費者的に一瞬で「違い」を直感できるアイデアが必要なこと。それらをフレームワークで導き出して、私はひたすらパークを歩いて既存のアトラクションをひねるアイデアを来る日も来る日も考え抜いていた訳です。

やみくもに頑張っても確率は上がりません。何を頑張るか、どこに集中するか、それを導くのが頭の中に強固に組み上げられた各種の「フレームワーク」です。様々なフレームワークがあってよいと思いますが、共通するのは「何を考えないといけないのか？」を明確にできるということです。誰でも頭の中に作ることができる確率を上げる「宝探知機」、それがフレームワークなのです。

「リアプライ」でアイデア探し

フレームワークを使って、何を考えないといけないかが明確になった段階で、すぐに自分自身で新しいアイデアを生み出そうとすることは、私はよくないと思っています。

何でもゼロから始めたがるのは日本人の悪いクセだと思います。自分自身でアイデアを捻《ひね》り出すのは最後の手段でよいのです。

フレームワークで考えるべきアイデアの必要条件が明確になったら、最初に世の中に目を向けましょう。**この世界中のどこかに、過去から現在に至るどこかに、似たような問題に直面した人がいるのではないか？**と疑ってかかりましょう。世界中からアイデアを探すのです。

今はこれだけインターネットが発達しているので、リアプライも素早くできるようになりました。私は空いた時間を見つけては、課題を決めてその解決の糸口になりそうな類似するアイデアを、あれこれ調べ回っています。もちろん、情報をネットで理解したつもりになるのではなく、実際に足を運んで自分で体験することも大切です（私はオーランドでこの原稿を書いていますが、今日も2つほど某パークの新型アトラクションに乗ってきました）。

そうやって、常に情報を外に求める意識でレーダーを張っておくことが大切です。自分の考えるべき課題に対応するアイデアを外から見つけたとしても、そのままコピーできる場合はかなり少なく、また大抵の場合は「まんま」コピーは問題になりますので、戦略やアイデアの核心を抽出しながらも、戦術的なエレメントは修正していきます。

私は2013年度を生き抜くために、スパイダーマン・ライドを4K3Dにアップグレードさせるアイデアを実行して（2013年11月現在のところは）大成功していますが、それはユニバーサル・オーランドで先行していたアイデアのリアプライでした。

外からアイデアを盗んでくることで、圧倒的なスピードと、どこかで実際に消費者に試されていることによる成功確率向上の2つのメリットを、同時に得ることができます。繰り返しになりますが、日本人もこれをうまくできるようになる必要があると私は痛感しています。

前職では、世界中の人々と一緒に働いていましたが、彼らはそれが速くてうまいのです。Build Onとか言いながら、あっという間に私が考えたアイデアを何度も盗んで行かれました。国際社会では、パテント（特許化）されていないアイデアは自由に使って良いことになっています。日本人のビジネスマンも世界水準並みにこの力を発揮できないと、国際競争では不利になります。

メンタルなバリアを取り払って、外に目を開きましょう。**自分自身で考えて作っていきたい！と願う気持ちはわからなくはないですが、私に言わせればそれは取るに足らない「個人のエゴ」です。**会社のためには速くて確率が高い方が良いに決まっているじゃないですか！

また、転用できるアイデアがないか常に外にアンテナを張っておくと、自分に入ってくる有意義な情報量がどんどん貯まっていきます。その蓄積されていく情報量は自分自身でアイデアを捻り出すときの「ストック」として、確率を高める強力な武器になります。

日ごろからストックを蓄える

アイデアを思いつくためには、そのアイデアにまつわる「文脈」のことをよく知っている方が圧倒的に確率を向上させます。蓄積された豊かな情報が「ストック」です。魚釣りにたとえると、「ストック」とは、そのポイントで釣果を上げるために有効な知識や経験などの「情報の質的・量的な蓄積」を指します。

その漁場の潮流や地形の理解、魚の習性をどれだけよく知っているか、エサや使う道具に関する知識の豊富さや、経験則に基づく具体的な釣り方のコツなど、釣果を上げるために必要な知識と経験値の総量です。

「ストック」が強ければ強いほど、直面する問題に対しての解決策を思いつきやすくなります。ちまたで「あの人は引き出しが多い」などと表現される長所です。「主婦の発明家はこの強みを活《い》かして良いアイデアを生み出すパターンが多いようです。「必要は発明の母」と言いますが、主婦の経験がなければ、そもそも解決すべきニーズがあることに気がつかないものです。主婦の目線、主婦の感性、そういった主婦経験の「ストック」がなければそれらの発明は存在しません。

気がつかないことは考えられないのです。ではエンターテイメント業界にいる人間として、強化すべきストックは何でしょうか？　それぞれのマーケティングやファイナンスといった専門分野におけるストックの強化はもちろんですが、共通しているのは「エンターテイメント」です。特にマーケティングで集客やプロダクトに関わる仕事をする人間は、世の中のエンターテイメントに対して意図的に幅と深さを増していく努力が求められています。

もちろん、全方位的にストックを強化するのは難しいでしょう。しかし、ビジネスで求められる領域の中から、自分が誰よりも知っている得意分野を作り出すことは良いアイデアを生み出すためにとても重要だと思います。

私の場合は、世のマネジメント層の人々と比べて、圧倒的にエンターテイメントのストックが強いと自負しています。昔からエンターテイメントやレジャーが大好きで、音楽鑑賞、観劇、映画、チェス、ゲーム、釣り、キャンプ、アニメ・漫画、スポーツ観戦、旅行、読書、テーマパーク、楽器演奏……それらの多彩な趣味に費やした時間と情熱は半端ではないです（笑）。

それもこれも、私が幼少期から社会人になるまで勉強一筋で生きてきた人間ではなく、好きなことをして、あちこち寄り道をする人生をプラプラと歩いてきたおかげだと思っています。

たとえば、おそらくＵＳＪの５０００人を超える全従業員（アルバイトのクルーを含む）の中で、人生で「ゲーム」に費やした時間の累計で私に勝てる人は一人もいないだろうと思っています（実際に確認した訳ではないですが）。ゲーム＆ウオッチ、角ボタンの初代ファミリーコンピュータ、スーパーファミコン、GAMEBOY、バーチャルボーイ、Xbox、プレイステーション、DS、Wii、PS2、PSP、3DS、PS3……WiiU。それらハードの発達の歴史と一緒に生きてきました。

モンスターハンターをイベント化することを思いついたのはそのストックのおかげです。ビジネスチャンスとしてモンハンの存在に気がついて、実際にそれをとことん自分でやってみました。他のゲームに関する深い知識と相対化しながら、このゲームがユーザーをどう感動させているのかを深く理解していきます。ゲームをやり込むことで、イベント化で欠かせない要素が何であるのか、カプコンさんを口説く切り口はどうするのか、TVCMでのメッセージをどう作れば入場料を払ってでも全国のファンを集客できるのか、そのあたりのツボが直感的によくわかるようになるのです。だからどんどんアイデアが思いつく、それがストックの力です。

私は異様に集中力が持続する凝り性な上に、睡眠時間が4時間もあれば十分な体質です。短期間に人様よりも物事に執着して取り組めるのが強みだと思っています。この9月に発売された「モンスターハンター4」は、2カ月弱の間にプレイ時間が既に300時間を超えていますし、この前の休日に17時間連続でプレイしても全く疲れませんし飽きません。

子供よりも子供っぽいと嫁さんに昔から言われていますが、そういう凝り性な性格もエンターテイメントのストックを貯めるのにはものすごくプラスになっています。US

Jのようなエンターテイメントの会社で働く人は、「遊び」を仕事のアイデアに転換することが求められているのです。私はそういう意味で、今の仕事は「天職」に出会ったような気がしています。

家で好きな映画やゲームや漫画やアニメや音楽をさんざん楽しんで、「これも仕事なんや！」と嫁さんに言える、こんな素晴らしい仕事って他にありますか？ USJで働く同僚や部下にもよく言っていますが、エンターテイメントに従事する人間は早く家に帰ってもっともっと遊んだ方がいいのです。自分自身でエンターテイメントの力を体験しないと駄目です。多くの人は会社で長く働きすぎです。さっさと早く仕事を切り上げて、自分へのインプットを増やす機会をどれだけ作れるかが、実は重要なキャリアの差を生むことを自覚した方がいいのです。

「ストック」に関連して1点だけ追加しておきます。チーム力としてストックを増やすことも大事だということです。個人の経験知識もストックですが、それらを組み合わせた人の繋《つな》がりも強力なストックです。自分一人の中で全てを蓄えるのは難しいので、それよりも蓄えている人の力をお互いにうまく活用するのも大事なことです。

特に、専門知識やしがらみが固定観念になって新しい発想を制限する場合もあり得るので、マネジメント層は新しい発想とストックの多様性を意識してチームを編成することを重視した方が良いと思います。

自分一人で発想が広がらないケースはよくあることです。そんなときにはフレッシュな発想の起点が必要になります。ですから集団知としてのストックの強化を常に心がける必要があります。私がターゲットの消費者により近い若い人や女性の意見を渇望しているのはそのためです。そうやって強化されたストックはアイデアをひらめく確率を上げる大きな武器になります。

コミットメント〜どれだけ必死に考え続けられるか

最後の要素である「コミットメント」は、前の3つと違って精神論です。commitmentとは文字通りやりぬく覚悟や決意の意味です。「良いアイデアを絶対に思いつくぞ！」という気力のことです。今まで紹介した要素（フレームワーク、リアプライ、ストック）は全て大事ですが、最後に成否を決めるのは、実はこれだと思っています。

フレームワークで考えるべきポイントを明確にし、リアプライで世界中からアイデアを探し、自身やチームのストックで文脈の豊かな情報を活用したら、あとは、**考えつくまで考え抜くこと**です。

これが一番大事なことですが、実は多くの人ができないでいるように私には思えます。「考え続けるのはしんどいのでなんとなく諦《あきら》めてしまう」

「ドタバタしていて落ち着いて考える時間を取れない」

そのような人が私の周囲にもかなり多いように思います。アイデアを出すことへの精神力が不足しているようです。覚悟が足らないのか、情熱が足らないのか、理由は人それぞれでしょうが、これだけははっきりしています。

淡白な人に「アイデアの神様」は微笑んでくれないのです。

私はこんな風に自分を暗示にかけるようにしています。

「アイデアは絶対に見つかる。既に存在するのに自分が見つけられていないだけだ」

そう思ってとにかく諦めないで必死に考えます。来る日も来る日も、寝ても覚めても考えます。そうやって考え続けていると、次第に脳が疲れるのか、不思議な状態になってゆくのです。

その特殊な脳の状態を表現するとこんな感じです。

・疲れ果ててはいないがそれなりに疲れている状態。
・意識ははっきりと広く透明なスッキリした状態。
・考える焦点以外に何にも脳が囚《とら》われていない状態。
・極めて冷静で集中できている状態。

そんなときにアイデアは降りてきます。自分でコントロールできる意識を取り払った状態のときに、アイデアは自分の頭の中から生まれるというよりも、どこか遠い上の方から降ってくるという感覚です。

その状態を人工的に作り出すために、私は課題を明確にしてから熱いフロに入って、自分の意識が遠のくのが早いかアイデアを思いつくのが早いか、自分を追い込む10分間のパワータイムを設けたりしています。

そんな考え続ける日々を続けていると、寝ている最中《さなか》にアイデアが降りてきて、「きた～！」と飛び起きることもあります。「ハリウッド・ドリーム・ザ・ライド～バックドロップ～」のときは、寝ている最中にライドが逆向きに走る絵を確かに見たのです。

前職でシャンプーを売っていた時代にも、コロンブスの卵を産んだことがありました。競合他社が詰め替え用（リフィル）をどんどん出してきてマーケットシェアを奪っていった時代の話です。当時の私のヘアケア事業部のシャンプーのパッケージは、DLPボトルといって、プラスチックのポンプボトルの内側に、最後まできれいに使い切るための「内袋」がついていたのです。

一度ポンプパッケージの中身を使い切ると、内袋が萎《しぼ》んでいるために詰め替えの中身を注ぐと溢《あふ》れて入らないという決定的な問題がありました。私の会社が詰め替え用を出すには、まずポンプボトルから作り直してそれを市場で入れ替えなくてはならないのです。ものすごくコストと時間がかかり、その間に競合にシェアを奪われるという大ピンチでした。

社内ではとっくに「DLPボトルだから詰め替えはできない」と結論付けられていたのですが、私はひたすら必死に解決策を考え続けていました。問題は、詰め替え用を長期間出せないことで競合他社のリフィルに削られて、シェアが大きく下がることなのです。解決策は詰め替え用を出すことしかないのに、何でみんな諦めているんだろうと思っていました。シェアを諦めないためには、すぐに詰め替え用を出す必要があったのです。

だったら、何としても今のポンプボトルに注ぎ込むしかないじゃないですか！　私が考えていたのは、周囲がとっくに諦めていた「どうやれば消費者がDLPボトルに詰め替えできるか」という1点だったのです。来る日も来る日もそれを考えて暗い毎日を過ごしながら、ある週末に気分転換を兼ねて船釣りに行きました。

船の上から海面を眺めてそのことばかり考えていたら、目の前を大きなクラゲがフワフワと流れてきました。釣りをしているとクラゲなど珍しくないのですが、クラゲの動きは何となく癒《いや》されるので眺めていました。傘を膨らませたり萎ませたりを繰り返しながら、ただ海流に流されているだけのクラゲの受け身な運命を、特に何も意識せずにボーっと眺めていたのです。

その瞬間でした。ついにアイデアの神様が降りてきたのです！

この釣りで私が釣ったのは、どんな大物をも凌《しの》ぐ超大物、詰め替え用の早期発売を可能にするビジネスのアイデアでした。

私が思いついたアイデアは「水の力で内袋を膨らませる」ことでした。詰め替えるときに消費者に水道水でDLPボトルの中身を洗ってもらうように指示すれば、内袋を水の力でもう一度広げることができるはず！　そうすれば粘性が高いシャンプーやコンディショナーのような液体も溢《あふ》れさせずに詰め替えることができるはず！　と。

この「水」のアイデアのおかげで、会社は詰め替え用を早期に出して競合を追撃することができました。フワフワ浮いていたあのクラゲ様のおかげです（笑）。

いつも思うのですが、コロンブスの卵のようなアイデアは、後で考えてみると「なぜもっと早く思いつかなかったのだろう」と思うような、一見して簡単で何でもないようなことが多いのです。

「水でパッケージを洗わせるアイデア」も「後ろ向きに走らせるジェットコースター」もそうだったのですが、後で考えると実に単純なのです。それまで死ぬような思いで考え続けていた努力に照らすと、あまりにも不釣り合いに思えるくらい、実にあっけなくて単純。でも私も含めてその瞬間まで、ずっと誰もそれに気がつかないものなのです。

でも粘りに粘って考えていると、そんなコロンブスの卵を生み出すことができることがあるのです。**ある問題について、地球上で最も必死に考えている人のところに、アイデアの神様は降りてくる**のだと私は思っています。要はどれだけ必死に考え続けることができるのか、です。

自分が良いアイデアを思いつかなければ、会社が傾いて、多くの人の生活に多大な影響を与えると思うと、私は夜もまともに眠れなくなります。眠っている間もそのことに関連した夢ばかり見るようになります。文字通り寝ても覚めても考えているような状態になります。

絶対に答えはあるはずで、自分はそれを見つけられるはずだというプライドを肥やしにして、諦めずにただひたすら考えています。不遜《ふそん》に思われるかもしれませんが、私は、私ほど新しいアイデアを必死に考えている人とあまり出会ったことがありません。

大抵の場合「しょうがない」とか「まあいいか」とか、ずいぶん早く諦めて、既存の枠の内側で思考が閉じることが習慣化している人が多いように見えます。そういう人は、もっと良いやり方、もっと新しいやり方を求めて、その枠の外側を見ることにもとても淡白です。

それは釣りに行って、ちょっと竿《さお》を出しても釣れないので、諦めてすぐに帰ってしまう人と同じなのではないでしょうか？　頑張って粘らないと釣れないのに、諦めたら確率はゼロになるのに……。淡白な人が多すぎるのではないでしょうか。新しいアイデアを生み出す人とそうでない人の確率の違いは、決定的にそこにあるのではないかと私は思っています。

もし明日《あした》までに「新しい強いアイデア」を出さないと、自分の家族が皆殺しにされることになったら、多くの人は必死で長時間考えられると思います。そうすると、きっと何かを思いつく確率は上がっているはずです。足らないものがあるとすれば、その必死さ、その執念、「コミットメント」なのではないでしょうか？

経験に基づく個人の主観ですが、外国人と比べても日本人はその点で淡白なような気がします。日本人は既存のやり方を正確に粘り強くやり抜くことは得意だと思うのですが、新しいやり方を追求することに情熱や執着を発揮できる人は多くないように思うのです。枠の外を自然に見ようとする人間が少ない。

日本に9年間住んでいるグレンもこの点を、「Seek Better（より良くなるように挑戦し続けること）」に執着できるようにならないと、USJという会社の将来は危なくなると心配しています。彼の目から見ると、多くの日本人は安全志向が過ぎて、新しいことにチャレンジしない。今の日本の現役世代は新しいことにチャレンジしなくてもずっと豊かで安全に暮らしてきたからだと、言い換えればリスクを取る必要のない社会だったからではないかと思っているそうです。

それらの仮説の真偽はともかくとしても、誰よりも真剣に集中して、諦《あきら》めずに釣る時間が長い人こそ、大魚を釣る確率の高い人であると、私は信じています。

ビギナーズ・ラックの正体

魚釣りで「ビギナーズ・ラック」という言葉があります。初心者が一番魚を釣る幸運に恵まれる現象を指す言葉です。釣りの経験者はわかると思いますが、初心者にとって技術的に難しい釣りの場合でなければ、これは本当に頻繁に発生します。その日一番の大物を初心者が釣ったり、一番多くの数を釣ったりすることはよくあります。

私は学生時代にビギナーズ・ラックの正体を調べるために分析をしたことがあります。「ビギナーズ・ラック」の正体も、やはり確率です。初心者の方が単純に確率を上げているというのが真実です。それは初心者特有の以下の2つの性質によるものです。

・初心者の方が言われたやり方で基本に忠実に釣りをする。
・初心者の方が最初から最後まで手を抜かず真面目に釣りをしている。

釣りは潮時（時間帯）や状況が刻々と変わるので、経験を重ねた人ほど、一生懸命頑張る時間帯と、どうしてもダレて手を抜いてしまう時間帯の差が大きくなる傾向があります。

また、ちゃんとやるべき作業（コマメなエサの交換など）がめんどくさくなって手を抜いてしまったり、序盤の釣果がしぶいと経験からすぐに「今日はアカン日やわ」と諦めてしまったり……。そうやって経験者の方が知らず知らずのうちに確率を下げている場合は多いものです。

そのため、結果として初心者の方が確率が高くなります。「より新鮮なエサを対象魚のいるタナ（深度）により長時間置いている」というのがこの釣りの場合の確率を決める核心、その正体です。

魚群探知機で動いて皆が同じポイントで釣る「船釣り」においてビギナーズ・ラック発生率は顕著に高いことから、フレームワークでは差がつかない局面では、何よりも一生懸命なコミットメントが釣果に差を作るといえます。

ビギナーだからベテランだからどうのこうのではなく、確率を上げている人が一番釣るのです。考えてみれば当たり前の話ですね。アイデアも同じです。アイデアの神様に微笑んでもらうためには、やるべきことをちゃんとやって確率を上げておくのが道理だということです。

アイデアは実現させないと意味がない！

アイデアの神様が降りてきてくれたとしても、それが実現しないことにはビジネスとしては意味がありません。戦略や戦術が紙の上でどれだけ素晴らしくても、実際に顧客や消費者にとって高い価値で実現されない限りは意味がありません。

実施段階での泥臭い戦術の詰め（エクセキューション）にどれだけ執着するかは、せっかくのアイデアを活かすためにとても大切なのです。私は、前職で尊敬するかつての上司の一人から、戦術の詰め（エクセキューション）に細心の注意を払う重要性を教えてもらいました。

社会人になってから何度も何度もそれで失敗していました。私は美しい戦略やアイデアを生み出すところに知的興奮を見出《みいだ》し、そこにどうしても意識が集中しがちでした。それを実現させていくことへの戦術段階での細部の注意が足らずに、せっかくのアイデアが実らなかったことがよくありました。

強い商品コンセプトを作ったのに、それを絵にするところで失敗したり、大きなプロジェクトでTVCMまでは強力に準備できたのに、店頭展開プランへの注意が手薄で勝利が半減したり、もったいないことをずいぶんとやらかしてしまいました。

戦略やアイデアの強さだけではあまり意味がないのです。「頭でっかちで手足が散漫」な失敗パターンを、当時の私にわかりやすく自覚させてくれたその上司には感謝しています。

テーマパークビジネスにおけるエクセキューションの重要性は、私が前職で手がけていたヘアケア製品とは全く違う次元の重要性を占めます。シャンプーやコンディショナーなどは、最終的にどんな製品になるかは想像できますし、風呂場《ふろば》で髪を洗う用途の延長線上にそれほど大きな違いはありません。どんなシャンプーでも髪はそれなりに洗えますから、アイデアで当初に90点を見込んだものが、悪くて60点になることはあっても、30点になることは考えにくいのです。

しかし、エンターテイメントのプロダクトはそうはいきません。例えば新しいショーを作ったとしましょう。良いアイデアのショーであったとしても、エクセキューションで失敗すると、すぐに20点や0点のプロダクトになります。しかも何十億円の金を注ぎ込んだ挙句の果ての0点です。

逆にエクセキューションが大成功すると、アイデアで期待していたものを凌《しの》ぐ、120点や150点もあり得るのです。このエクセキューション次第の振幅の大きさは、どのテーマパークでも経営上の可能性でもあり、同時に大きなリスクにもなっています。

東京ディズニーリゾートのように、ディズニー本体から高価なアトラクションをバンバン輸入できるパークでは、実際のプロダクトを見てから取捨選択できるのでエクセキューション上のリスクの大半を回避できているケースもあります。

対してUSJは、スパイダーマンやハリー・ポッターのようにユニバーサル社が開発したものを改善して持ってくるケースもありますが、それは逆に少なく、最近のアトラクションやショーの多く（というかほとんど）は独自開発をしています。

ハリウッド・ドリーム・ザ・ライド、その後のハリウッド・ドリーム・ザ・ライド～バックドロップ～、スペース・ファンタジー・ザ・ライド、ユニバーサル・ワンダーランド、ハロウィーン・ホラー・ナイトで登場した各種の恐怖メイズ（ジェイソン、ハムナプトラ、貞子、バイオハザード）、ワンピース・プレミアショー、モンスターハンター・ザ・リアル、クリスマスのナイトショー「天使のくれた奇跡」とその続編「天使のくれた奇跡Ⅱ」……それらは全てUSJで独自開発をしたプロダクトです。USJのライセンサーである米国ユニバーサル社はそれらの開発には関わっていません。

独自開発につきまとうエクセキューションのリスクに、その都度我々は胃から冷や汗を流しながらやっています。しかし、ユニバーサル社への依存率を減らしながらも成功してきた、現在のUSJ独自のアトラクション開発能力は、既にUSJの会社としての大きな強みになっています。

そしてゆくゆくはこの会社をさらに成長させていくための大きな武器になるだろうと私は確信しています。誰かに大きく依存する場合と違って、独自開発にはリスクがあるものの、うまくやればアトラクションやショーなどの効率的な投資が可能になるからです。

端的に言えば、現在のUSJは集客効果・ゲスト満足において同等のアトラクションやショーを、世界の相場に比べて2〜3割も安く開発することができるのです。強度や安全性に妥協することなく、マーケティング調査に基づいて無駄（消費者の価値に繋《つな》がらないもの一切）を徹底的に排除して、世界の相場よりもずっと効率的に作るのです。

これを可能にするのは徹底した消費者理解を推し進めるマーケティング力と、ユニバーサルの伝統を独自に発展させてきた技術力です。テーマパークの経営を最も圧迫する巨額な設備投資費を効率的にマネージするノウハウを強化してきました。

結果としてUSJは、ここ数年間の大変革によって、テーマパークを世界で最も効率的に経営するノウハウを備えつつあると私は考えています。例えば、約3倍の集客規模を誇り自前の土地で経営する東京ディズニーリゾートよりも、借地で経営するUSJの利益率（EBITDAマージン率）の方が高いのです（注：EBITDAマージン率＝EBITDAを売上高で割って算出する、減価償却費を除いて収益性を判断する会計指標。設備投資の額が大きい業界で用いられることが多い）。

生存確率限りなくゼロ！「バイオハザード・ザ・リアル」の苦闘

話を戻します。アトラクションを独自開発する場合の恐怖は、まさにエクセキューションの失敗のリスクと申し上げました。そこで強い戦略やアイデアを実現するのに苦労した実話を1つ紹介しましょう。この夏からハロウィーンの時期に実施した期間限定のアトラクション「バイオハザード・ザ・リアル」についてです。

バイオハザードは、ウイルスに感染して増殖していくゾンビや、様々な恐ろしいクリーチャーと、銃で戦いながら脱出するゲームブランドです。そのあまりのクオリティーの高さから全世界に根強いファンを持ち、ハリウッドでも映画化されて世界的に大ヒットしたメガブランドです。

モンスターハンターと同じく、バイオハザードもあのカプコン社のゲームブランドです。バイオハザードの最初の作品が発売されたとき、私は当時1ゲーマーとしてめちゃくちゃのめり込みました。夜に自分の部屋の大画面でヘッドホンを使ってこのゲームをやったときのあのスリルは強烈に覚えています。

ゾンビやクリーチャーの描写のクオリティーの高さ、自分が銃を撃ったときの反応のリアリティー、底辺をしっかりと流れる確かなストーリー性、ギーッとドアを開けて暗くて見えない向こうの部屋へ進んでいくときのあのたまらない緊張感、左右のヘッドホンからリアルに聞こえてくる異形の怪物の足音や息づかい、開けちゃったドアの目の前にハンター（クリーチャーの一種）がいたときのあの衝撃！　私は夜中に何度も情けない悲鳴を上げたものでした。ゲーマーならバイオハザードが登場したときの衝撃を、あの新しさを覚えている人は多いと思います。

私もその一人だったのです。このパークで働くことになる前から、「いつかはこれがリアルなゲームになるだろう」と思っていました。あの世界をリアルに体感できれば、すごい非日常になると感じていたのです。

そんな私が、モンハンで作り上げたカプコン社との関係の延長線上に、このアイデアを進めようと考えたのは自然の流れだったと思います。それが、バイオハザードのゲームの世界を再現し、ゲストが銃を撃って戦う超リアルな「サバイバルホラー・アトラクション」というアイデアだったのです。

しかも、生存確率が限りなくゼロ（0・004％）という、テーマパークにはあるまじきコンセプトにしました。テーマパークは、全ての人をハッピーにする場所なので、ほとんど全てのアトラクションは最後には全員を成功者（ヒーロー）にするのが常識です。テーマパークのアトラクションに入って「あなたは死にましたー！」と宣告されるなんて普通は考えられないことです。

常識に従って「全員が生き残れる」というやり方も考えてみたのですが、どうしてもバイオハザードらしくないと思って、私は全員死亡（生存確率限りなくゼロ）にこだわりました。全員が助かるというテーマパークのゆるい予定調和をこのバイオハザードに当てはめたら、バイオらしいスリルも緊張感も必死さも出てこないじゃないですか！

バイオハザードは死ぬような思いをするからたまらないのだと私は思っていたので、難易度を下げるなんてあり得ませんでした。そこでチームに言ったのです。遠慮なく挑戦者を皆殺しにするつもりでアトラクションを作ってくれ！　と。本気で殺されるかもしれないという恐怖からくる世界最高の興奮をバイオハザード・ファンのために作ってくれ！　と。このあたりは私のゲーマーとしての、バイオを実際にプレイしたファンとしてのストックの影響です。

という訳でアイデアは定まりました。バイオハザードの世界で、実際に銃を撃ってゾンビやクリーチャーを撃退しながら脱出していく、超リアルなサバイバル体験です。日本初のリアル・シューティング・アトラクションです。調査にもかけて、そのアイデアがすごく強いことも確認できました。

でもこれを高い体験価値に作り上げるのは至難の道のりだったのです。これを実際に作っていくのが我が社のエンターテイメント部なのですが、彼らのこのときの頑張りを思い出すと、今でもジーンとくるものがあります。

実際にこのアイデアを実現していく過程で、3つの壁に突き当たりました。まず、場所の問題。2013年度は既に設備投資費は使えない訳ですから、このためにビルを建てる訳にはいきません。屋内の十分に広いアトラクション・スペースをどこに確保するのかという問題がありました。

これを解決する方法は、私は見当をつけていました。スパイダーマンのアトラクションの建屋の2階に、倉庫になって長年使われていない広いスペースがあることを発見していたからです。私は入社まもなく10周年のアイデアを練っているときに、過去に作って放置されている備品の中に何か使えるものがないかと、パークの中や外部にある倉庫をくまなく歩いて探していました。そのときに、このスパイダーマン上の広いスペースを見つけていたので、いつか屋内型のアトラクションのスペースに使おうと考えていたのです。

その場所にバイオハザードの世界観をクオリティー高く作り込むことにして、プロジェクトチームが起点となってデザインを開発し、カプコン様の監修をいただきながら、ユニバーサル品質のリアルな造作が出来上がっていきました。ものすごいクオリティーの空間に仕上がっていきました。

2つ目の問題は、演出に使う「銃」のリアルさの追求です。ズシっと本物の重量感がありつつ、実装する弾の残数を表示する必要がありました。その他にも、ゲストが撃った弾が命中したときのゾンビのリアクションや、逆にゲストが受けるウイルス感染(死亡へのダメージ測定)をどうゲストに認知させるのかという技術的な課題がありました。ゲストが撃った弾が当たった場合に、その反応をゲストが実感できないと面白くないことは1ファンとしてわかっていました。複数のゲストが撃つ中で、ゾンビの演者は自分に弾が当たったのかそうでないのかが瞬時にわからないと、即応した演技ができないので何かの仕組みが必要でした。

まさか大阪人が「バーン!」と指銃を撃ったら相手が「ううーっ」と反応するような、そんない い加減なやり方では世界最高の体験価値にはなりません。そこで米国で軍のトレーニングに実際に使われている赤外線センサーのシステム等を用いて、ゲストの持つ銃とターゲット(この場合はゾンビやクリーチャー)を赤外線の信号で結びつけ、お互いの間で当たり判定をできるようにシステムを組んでいきました。

これで弾を実際に飛ばさなくても、自分の射撃を赤外線によって相手に正確に命中させることが可能になりました。逆にゾンビからも感染ウイルスの赤外線を発して、ゲストがゾンビに近づきすぎると感染ゲージが上がって死亡するという、緊張感のある仕組みにすることができたのです。実際にずっしりとした拳銃《けんじゅう》と、ゲストの腕に巻きつける弾数と感染度合いを表示するメーターが整いました。赤外線の赤い糸でゾンビと結ばれるアトラクションです（笑）。

ところが、実際にゲストがそのシステムをやってみると、このシステムには大きな課題があることがわかったのです。ゲストが撃った弾の信号はゾンビのセンサーがキャッチして、ゾンビは即座に演技で反応してくれます。ゲストにとって「撃った手ごたえ」は味わえるようになっているので問題ありませんでした。

しかし、逆方向に問題がありました。ゾンビからのウイルス感染攻撃の赤外線信号が、ゲストには感知されにくかったのです。ゾンビのウイルス信号自体はゲストの腕のセンサーで感知されていて、感染度合いはちゃんと腕の感染メーターに表示されているのですが、ゲストは目の前の恐怖に集中して銃を撃ちまくっているので、腕についた感染メーターをいちいち見ていません。だからいつ感染したかわからないのです……。

「自分が死亡したことが納得できない！」という強い不満が一部のゲストから上がってきたのです。テーマパークではこういうことが実はよくあるのです。理論上うまくいくはずだったことが、実際にやってみるとゲストの自然な行動や習慣の中では全く予想外の結果になることがあるのです。

このアトラクションが相手にしているのは、「生存確率限りなくゼロ！」に挑戦してくるゲストたちですから、ゲームオーバーにも納得性が欲しいのは当然だと思い、我々は何とかしなくてはと必死になりました。

しかし既にシステムは組んでしまっているので、改善といってもこれがなかなか難しかったのです。そんな中でチームが知恵を絞ってくれて、短期の解決策と、中期の解決策の両方を同時に走らせました。短期ではゲーム開始直前のゲストへの説明で、自分の感染度合いを腕でこまめに見るようにとのブリーフィングを強化しました。中期の解決策としては、小型バイブレーターを感染メーターに仕込んで、メーターを見なくてもウイルス攻撃を受けたときにブルブル震える感覚でわかるようにシステムを変更し、ハロウィーンにはなんとか間に合わせることができました。

そして最後の最大の問題は、キャパシティー（どれだけ多くのゲストが体験できるか）でした。実はあまりにクオリティーが高いために怖すぎて前に進めず、あるいは面白すぎてゲストがなかなか前に進まず、一人当たりの体験時間が長くて、想定を大きく下回る数しか1日の体験者数を確保できないという大問題が起こりました。

体験者の満足度は非常に高かったのですが、この期間限定アトラクションを目当てに来場される多くのゲストに対して、体験できるゲストの数をできるだけ増やしたいので切実なところです。安易な対策として、どんどん多くのゲストをアトラクションに入れていくと、ゲストが列のように繋《つな》がって、恐怖度は下がり、面白さも下がってしまうのです。

単位時間により多くのゲストを体験させることができるのはわかっていましたが、それは安易すぎるのでやりたくない方法でした……。我々は、一人当たりの体験価値の高さを優先させるか、全体としての体験者数の確保を優先するか、難しい選択を迫られることになりました。

両方とも非常に大切なので、まずはゲスト体験にマイナスに響かない部分の運営上のロスを徹底的に検証して、それを削《そ》ぎ落とすことにしました。例えば、ゾンビ演者の交代の時間を圧縮して時間のロスを減らしたり、ゲストが不必要に迷路内で迷って時間をロスすることがないように、次にどのドアへ進むかなどをわかりやすくすることなど、徹底して1時間当たりに体験させられるゲスト数を上げていきました。だいぶ改善されましたが、それでもその方法には限界がありました。

最後の一手は、一人当たりのゲスト満足が下がっても、より多くの人数を迷路内に入れることなのですが、これは皆でよく議論して考えた結果やらないことに決めました。ユニバーサル・スタジオ・ジャパンが「世界最高を、お届けしたい。」を掲げる品質にこだわったブランドである限り、高い一定の体験価値を優先すべきで、戦略的にも妥協すべきではないと、最終的に私は判断しました。

結果として、想定よりも数段低い数の体験者しか作れないアトラクションになってしまいました。しかしそれでも、高いゲスト満足がより高い評判を生みました。オープンから22日目、挑戦者が10万人を超えたころに、初の生還者（4人のチーム）が出ました。するとそれはニュースとなってメディアを駆け巡ったのです。

「バイオハザード・ザ・リアル」は、夏とハロウィーンの2シーズンにわたって想定を大きく上回る集客貢献と、強烈なゲスト満足でブランドを作る大きな役割を果たしてくれました。体験者数の問題もあり満点ではありませんでしたが、総合的には合格点を大きく超える成功だったと私は総括しています。

このように、アトラクションなどは作ってオープンしたら終わりではなく、実際のゲスト体験からデータを取りながら、さらに日々の努力で改善改良を続けていく「エクセキューション」の戦いはずっと粘り強く継続します。そうでないと成功することは決してありません。

この「バイオハザード・ザ・リアル」のように、アイデアが優れているからといって、即成功とは絶対になりません。実施段階で様々な困難にぶつかり、時にはその壁の前に優れたアイデアが砕け散ることも少なくありません。むしろ成功するかどうかは、エクセキューション段階で結果に影響を与える各種の要因をどれだけ執拗《しつよう》に追いかけて、高いクオリティーで詰めていくかにかかっています。アイデアを生み出しても、「やったー！」と喜んでいいのは一瞬で、より厳しい戦いがむしろその瞬間から始まっていると思った方がいいのです。

どんなに優れた戦略も、どれだけ革新的なアイデアも、エクセキューションが強くないと結局はビジネスとして実らないのです。本書はアイデアを生み出すところに力点を置いて書いていますが、そのアイデアが実際にどれだけ成功するか、最後のビジネスの結果は、エクセキューションで決まることだけは、この章の最後に強調しておきたいと思います。

第7章　新たな挑戦を恐れるな！

ハリー・ポッターとＵＳＪの未来

なぜハリー・ポッターで450億円ものリスクを取るのか？

「USJは世の中が不景気で先が見えないこの時期に、どうしてハリー・ポッターで450億円ものリスクを取るのですか？」

ハリー・ポッターのテーマパーク「The Wizarding World of Harry Potter」の日本誘致を正式に発表した2012年5月10日は、まだ日本全国はアベノミクスの潮目の前で、長らく続いてきたデフレ不況の闇が色濃い時期でした。

その時点までの数年間でUSJはV字回復を果たし、世の中の不景気にもかかわらず攻めの姿勢を一貫していたのですが、さすがに450億円もの投資を心配する声はいろいろなところから聞こえてきました。

800億円強の年間売上規模の会社にとって、450億円もの投資は一見クレイジーに見えることでしょう。私も経営的なリスクの大きさは自覚を持って仕事をしています。しかし、ハリー・ポッターのテーマパークそのものにかかる450億円の投資回収のリスクは、3つの違う考え方の需要予測モデルで数学的に徹底的に検証した結果、〈我ニ勝算アリ〉と、高い成功確率を読むことができました。

最も大きなリスクはハリー・ポッターそのものというよりも、ハリー・ポッターに大きく投資しながらオープンに辿《たど》りつくまでの3年間のキャッシュフローだったのです。ハリー・ポッターをやるかやらないかの意思決定は、むしろそれまでの3年間を生き延びられるのか？　という問いでした。

連続安打を3年間も打ち続けられるのか？　と言われれば、私もそこにはもちろんリスクを感じていました。かなり悩んだ上の決断だったのですが、そこまでしてでもチャレンジしなくてはいけないと私が腹をくくった理由の深いところを話しましょう。

結論から言えば、**「今この球を打ちに行かなければ、後々もっと難しい球を打たなくてはならないときが必ずやってくる」**と、心の底から思ったのです。

これだけのリスクを背負う難しい球ではあるのですが、10年後、20年後に、嫌でも打つことになる球と比べたらはるかにマシだと、それだけは私は確信していました。長い目で見ると、この難しい球もまだ打ちやすい球（成功させやすい選択肢）だと考えたのです。その理由は3つあります。

世界最強のブランドで勝負できるのは今しかない！

中途半端な強さの映画ブランドは、すぐに経年劣化して、結果的に効率的な投資になりません。世代を超える不朽の名作と言われる作品の中から、さらに本当に経年劣化しにくいブランドを注意深く選んでいく必要があります。

映画ブランドの経年劣化は大きな問題です。映画ファンは自分が見た大好きな映画と共に年をとっていきます。そして新たに育ってくる世代はその映画を見たことがない、そんな状況になっていきます。

あの記録的な大ヒットとなったスピルバーグ監督の名作「E. T.」でさえ、当パークのアトラクションとしての集客能力に蔭《かげ》りが見え始め、10周年を待たずにパークから消えることとなりました（私が入社する前の出来事ですが、映画ラブの私としては、「E. T.」ならば残す方法もあったのでは？　と実は残念に思っています）。

何十億も何百億も投資して、一体何年間集客に貢献してくれるのか。「中途半端な強さの映画」に何十億円もかけることは非常に非効率なのです。

我々がハリー・ポッターに450億円もの巨額を投じる決心をした理由の1つは、すぐに劣化していく中途半端な映画アトラクションを45億円で10個作るよりも、よほど効率的だと考えたからです。

ハリー・ポッターは、Sクラスの稀有《けう》なブランドの中でも、更に特別であると私は考えています。ハリー・ポッターの本や映画が全世界で最も売れたということを御存知の方は多いと思いますが、USJにとってむしろ重要なのは、世界よりも日本国内での強さです。

ハリー・ポッターの映画を、日本の映画館でお金を払って見たことのある人々の延べ数は、全8作でなんと7800万人に及びます。この数字は、他のどんな映画のシリーズ作と比較しても、あまりに圧倒的で比肩できるブランドはありません。

インディ・ジョーンズでも、スター・ウォーズでも、全く敵《かな》わない莫大《ばくだい》な数なのです。スタジオジブリの全作品の観客動員数を足し合わせてようやく同じくらいという恐ろしい数字です。また、この映画をDVDや地上波TV放送で見た人数を加えると、その数字ははるかに膨れ上がります。

それに加えて、本の存在が大きいのです。日本の歴代ベストセラーのトップ10の中で、実に4冊はハリー・ポッターの本が占めています。ハリー・ポッターに心をときめかせた世代が既に親となって、自分の子供にハリー・ポッターの本を読ませ、DVDを見せているのです。これほど経年劣化しにくいブランドはありません。実に、全日本国民の9割以上が見たり読んだりした接点があり、全日本国民の半分以上が今でも好きだという恐るべきブランドです。

そこで私はこう考えたのです。USJにとって、こんな最強のブランドを使って集客施設を作れるチャンスは、この先の10年、20年の間に果たしてもう一度でもやってくるだろうかと？　宝くじのような幸運がない限り、それはほぼないだろうと私は結論付けました。

テーマパーク業界では、強いブランドほど版権料が高騰し、より規模が大きく金が用意できる陣営が勝つのが通常だからです。今回、ユニバーサル陣営がハリー・ポッターを射止めた大きな幸運を、今後も期待するほど私の性格は楽観的ではありません。

「ああ、このチャンスは取りに行かなければ駄目だ！」と私の直感が叫んでいました。投げ込まれるボールは剛速球だけれど、打ち返せば必ず世界一遠くへ飛ぶのです。

エクセキューション段階での失敗リスクが小さい！

もう1つの大きな理由は、「The Wizarding World of Harry Potter」のプロトタイプが既に米国オーランドに素晴らしい品質で建っていることでした。つまり、テーマパークビジネスで最も恐ろしい巨額投資の後にエクセキューションで失敗するリスクがものすごく小さいことです。

ハリー・ポッターという巨大なブランドを、テーマパークのエリアやアトラクションに構想し創り上げる作業は、まさに途方もない労力とリスクを伴います。もし仮に、USJがハリー・ポッター級の別のブランドを手に入れる機会があったとして、これを独自に世界初のプロダクトとして開発したとします。投資する金は本当にいくら必要になるのか、仮に450億円必要だと試算しても、フタを開けたら軽く予算オーバーして550億円なんてこともあり得るのです。

胸がときめくデザインやクリエイティブの開発も、実際に作ってみるとものすごくつまらないものになる可能性もあります。どのくらいすごいものになるかは最後までわからないのです。オーランドに実際に建っているものの価値を確かめてから意思決定ができたことが、リスク軽減の意味で最高にラッキーだったと思っています。そして、あれをゼロから思考して創出した、ユニバーサル・クリエイティブの鬼才たちと、意思決定した米国ユニバーサル社のマネジメント陣に最大の敬意を表します。

おかげでＵＳＪは、彼らが創ったあの奇跡的な品質とスケールを更に徹底分析し、最新技術を投入してより高い顧客満足を生むべく様々な改良を施すことができます。彼らの経験を土台にして、更に効率的にコストとスケジュールを管理し、経営上のリスクをより小さくすることができるのです。

まるで、先を歩く長男の後ろ姿を注意深く見て、要領よく生きていく次男坊のように！（そう言えば私も次男坊でした：笑）

バッターボックスに立ったときに、目の前に飛んでくる球の軌道がわかっていたとします。しかも、ものすごくホームランを打ちやすいコースに飛んでくることがわかっていたとします。皆さんならその球をどうしますか？　見逃しますか？　私は、そんな絶好球を打ちにいかないのであれば、プロとしてバッターボックスに立っている意味がないと感じていました。それを見逃すと、次の打席以降で、どう変化するかが読めないもっと難しい球を打たなくてはならなくなると考えたからです。

関西依存の集客体質から脱却しないと手遅れになる！

これが最後の、そして最も大きな理由です。私はこの会社の20年後や30年後がどうなっているかを考えたのです。ＵＳＪに限らず、日本に拠点を置いて消費者を相手にする企業は同じ問題に直面していますが、日本は人口減少マーケットなのです。私は世界中の多くの市場を比較分析する機会が前職で多くあり、とりわけこの点に敏感なのですが、人口減少マーケットは長期的な視点に立つと本当にロクなことがありません。

例えば日本の少子高齢化が進んで総人口が2割減れば、多くの会社の日本市場からの売上も平均すると2割減るのは当たり前です。USJが何もしなければ、人口減少に比例してビジネスを落としていくことになります。しかもテーマパークビジネスにとって重要な現役世代の人口が、日本において20年後には、1~2割近くも減少するという分析もあります。関東や関西のような都市圏の減り具合は比較的マシですが、それでも人口減のインパクトから何もしないで逃れられると思えるほど、私は楽観的ではありません。

USJがまだ何かを仕掛けられる体力があるうちに、将来へ生き残りをかけてビジネスモデルを変革しておく必要があると私は考えたのです。人口減少マーケットである日本においても、視点を変えて戦略を練れば、USJという会社を劇的に成長させることができると、マーケティング的に計算していきました。私がそう考えて策を練ったのが、先に紹介したUSJの3段ロケット構想です。

このパークが大阪にあり続ける限り、長期的により少なくなっていく人口の中でより効率的に顧客を捉《とら》えるようにアクティビティー・システムを変えなければならないと思いました。ユニバーサル・スタジオ・ジャパンのブランドを、より広く・より深く作っていく必要があると考えたのです。

第1段ロケットとしては、不必要な狭さを取り払うべく映画だけのパークから脱却し、ユニバーサル・ワンダーランドを建設して、ボリュームゾーンであるファミリーをより多く取り込めるようにパークを改造しました。そして第2段ロケットとして、地理的な狭さからの脱却、つまり6〜7割もの集客を関西に依存している現状から、もっと日本全国から集客できるパークへの脱皮を図らねばならないと考えました。

遠方からもっと多くの人を惹《ひ》きつける圧倒的なコンテンツをパークに作る必要があり、その選択肢としてこのハリー・ポッター以上の球はないと判断したのです。ハリー・ポッターならば日本全国どころか、アジア全域やオーストラリア、ニュージーランドなどからのハリー・ポッターファンの来場をも見込むことができるのです。

ここまでの第1段ロケット、第2段ロケットの流れは、人口減少マーケットにおいて、どうやってより多くの消費者を顧客として取り込めるように仕組みを作るのかという試みであり、ＵＳＪの市場をどうやってより大きく広げて行くのかという挑戦です。極端な話、関西の人口が徐々に減っていこうとも、ＵＳＪがマーケットを日本全国に拡大していけるのであれば、集客は減少するどころか、劇的に伸ばすことができるのです。日本全国の人口は関西の約5倍もありますから、日本全国で数割人口が減ろうがＵＳＪの市場は今よりも何倍もデカくなるのです。

更に、私のロケット構想はここで留《とど》まりません。ハリー・ポッターは2番目の通過点に過ぎません。私が最終的に考えている戦略は、人口減少の日本の外でもビジネスを展開する能力と仕組みをUSJに備えることです。世界中の様々な国でマーケティングの実戦を積んできた私には、日本の外でプレイすることに全く違和感がありません。むしろ自分が持っているものを世界で活《い》かせると思うとワクワクします。

それが第3段のロケット、USJの持つ「大型集客施設を世界で最も効率的に運営するノウハウ」を地理的に水平展開していくこと、つまり第2・第3のパークやエンターテイメントにまつわる別軸のビジネスを世界で展開していくことです。

まだ第2段ロケットも成功していない状況で、先のことをあれこれ書きすぎるのは現実感なく伝わると思うのでこのあたりにします。ただ、そのような長期の展望の中で、USJは攻めることで生き残る道を選択すべきだと私は一貫して考えています。守りに走って何もせず、関西の枠の中で現状維持をはかろうとすれば、5年や10年はともかく、その先はますます細っていく日本や関西の市場規模そのものと心中する選択をしていることになります。

その道は短期において安全に見えるかもしれませんが、長期においては問題を先送りするだけで、もっと大きなリスクを背負う道になるのです。この会社がまだ体力のあるうちに、長期の成長に繋《つな》がる太くてまっすぐな戦略の道を、今こそリスクを取って歩き出すべきだと。そうでないと、体力がなくなってからより大きなリスクを背負うことになるか、ジリ貧に陥ってゲームオーバーになっていくだろうと、私は考えていました。

そういう訳で、私はこのハリー・ポッターのテーマパークは、絶対にやらねばならないと心の底から思ったのです。目の前に世界一飛ぶとわかっている球が、しかもホームランを打ちやすい軌道の読めている球が、しかも後々の打席になればなるほど自分の体力が落ちていくことがわかっているときに飛んできたのです！

USJがこの球を今打てないのであれば、将来にわたってこれ以上に良い条件でバットを振れるチャンスは回ってこないと確信していました。その絶好球を見送れるのか？否！　今バットを振れないのであれば、この会社はこの先も決してバットを振らないだろう。エンターテイメントにおけるアジアのリーディング・カンパニーになりたいと掲げている会社のヴィジョンも虚《むな》しい飾りになってしまうだろう。

大げさでなく私の本能が叫んでいたのは、幸運にも巡り合った絶好の大勝負から、もし逃げるのであれば、私がこの会社に来た意味がない上に、この世に生まれてきた意味がない！　という強い想いだったのです。

戦略と情熱の狭間の決断！

「USJがハリー・ポッターの日本誘致を考えたのは、オーランドの成功を見てからだから、意思決定はそれほど難しくなかっただろう」と思っている人もいるかもしれません。

しかしそれは正しくありません。最終決定はもちろんオーランドの成功を1年ほど確認してからですが、我々がそれを本気で検討し始めたのは私がブチ上げたあの時点、つまり2010年の7月でした。オーランドに建ったばかりのものが、どれだけビジネスとして成功するか全くわからなかったあの時点です。もっと言うと、ほとんど全ての業界関係者が心の中で「オーランドに建ったものはすごいけど、あんなに金をかけてビジネス的には失敗するに違いない」と思っていたあの時点です。

もしオーランドの成功を見極めてからライセンサーとの交渉に入っていたならば、大阪には建たなかったことでしょう。日本ではないアジアのどこかに建つことになったと私は確信しています。

腹をくくった私が最初に試みたのは、社内を説得することでした。2010年の夏のことです。

最初にグレンに相談したときは「私の死体を乗り越えてゆけ！」と取り付く島もない様子でした。この当時の社内は、スパイダーマンに投資した140億円でさえ当時の放漫経営だからこそできたクレイジーで、投資効率上は回収も成功もしていないという認識だったのです。

そこで私は、自分の得意の数学的分析で、140億円もかけたスパイダーマンが実はUSJで最も成功したアトラクション投資の1つであることを証明するところから始めました。実際のところ、ちゃんと分析すればそれが真実であることはすぐに確認できたのです。

そして、小さく数十億単位をポンポンと放り込むよりも、設備投資資金を集めて数年に一度まとめて大きく使った方が投資効率が良いことを理論付けしました。その理論武装の延長線上には、集客効果の逓減影響を考慮すると、450億円1発の方が45億円10発よりも効率が良いことを、社内で共通認識にする私の作戦が当然ありました。

それと並行して、ハリー・ポッターのテーマパーク建設の需要予測を内外の専門家を動員して走らせました。より客観性を増すために、その夏から1年以上かけて考え方の違う3つの需要予測モデルを時期も別々に走らせたのです。結果的に大事になったのは、このときおまけで推定したオープン直後のオーランドのハリー・ポッター1年目の集客予測の数字でした。信じられないくらい高い予測数値どおりにオーランドの集客が実現していく様子をグレンはずっと見ていて、私の計算する数字を徐々に信用してくれるようになった気がします。

ハリー・ポッターのテーマパークそのものが、450億円を余裕で回収できる強さをどうやら持っているらしいという論拠は、その需要予測で客観的に弾《はじ》き出すことはできました。次により難しい論拠に挑むことになりました。それは「それまでの3年間のキャッシュフローを耐えられるように集客策は作れるのか？」という核心のポイントです。

この点が一番難しかったですし、やってみないとわからないことも多かったので、客観的な議論にはなかなかなりにくかったのです。そのために、「地獄の3カ月」に急ピッチで進めていた2011年度の10周年のプランや、2012年度の新ファミリーエリア「ユニバーサル・ワンダーランド」建造計画などのアイデアと需要予測が、どうしても必要になったのです。

それらが整っていった2010年のクリスマス頃から、CEOのグレンの立ち位置が少し変わってきました。まだ否定的ではあるのですが、少なくとも私の話をちゃんと聴いてくれるようになりました。私は「今バットを振らないと、会社は近い将来にもっと難しい球を打たなければならなくなる」という持論を貫き、熱弁を振るいました。

グレンは簡単に説得されるような人ではないので、いつも熱い議論になり、時には場外乱闘の激しい言い合いにもなりました。しかし私はグレンが真剣に向き合って議論してくれることが嬉《うれ》しく、機会を見つけては彼と議論をし、新しいデータや分析を次々加えながら、より多角的に会社のリスクと可能性を検証していきました。

そして2011年の年初あたりだったでしょうか、彼と別案件をいつになく静かに話しているときに、彼が不意に私に問いました。

「キミはハリー・ポッターのリスクを取って本当に成功させることができると思うか？」

彼の聞き方がいつもと違ったので、私はいつもとちょっと言い方を変えて答えました。「はい、成功させることは可能だと考えています。少なくとも十分な成功のチャンスがあると信じています」

「はい、成功できます」のようなお気楽で無責任な答えではなく、私はできるだけ正確に答えたかったのです。

「成功させることは可能だと考えている」。まさにそれ以上でも以下でもありませんでした。彼のことですから、私が考えるよりもはるかに多方面のリスクやしがらみを考え抜いた果てに、彼なりの方針を固めた後の最後の問いかけだったと思います。私の自信を再確認しつつ、私にもう一度責任感を自覚させるための投げかけだったのだと思います。

それから彼はポツリと、しかし揺るがない語感で言いました。

「やる前提でプランを詳細に詰めろ。ライセンサーとの交渉如何《いかん》によってはどうなるかわからないが、実現するという強い意志を持って計画を進めよう。我々はバットを振る」

その瞬間、私は武者震いしました。そして同時に今までの人生で最大の重圧も感じたのです。

この一連の流れの中で、彼がついにヤル気になった本当の理由が何だったのか、底の読めない彼の心を今でもふと考えることがあります。私が出していった様々な数字は彼の意思決定の外堀を埋める働きはしたかもしれませんが、私の数字が本丸に届いた決定的な理由では絶対にないと、それだけは自信を持って言えます。

なぜなら彼も私も、事前の消費者調査や数学的分析でわかることは多くあるが、やってみないとわからないことが多いことも知っているからです。そんな数字よりも、より高い次元の戦略的な思索で、会社を成長させていくための道をこのプロジェクトに見出《みいだ》したのだと私は思います。

彼は何としても会社を成長させたいと、ずっと誰よりも情熱的に願っていたはずです。リスクがあることがわかった上でも、それでも会社の将来のためにはこれをやらねばならないという結論に至ったのだと思います。

一度腹をくくってからのグレンのリーダーシップは強烈でした。目標から全くブレず、誰よりも意欲的で粘り強く、誰よりも執着して物事を考え、様々な困難な条件交渉の先頭に立って会社のために戦う彼の姿を、私は間近に見ることができました。

ちなみにその時期の会社は、震災インパクトで集客が危機に陥り、追い込まれた状況から起死回生の緊急施策を打ち出していく流れの中にありました。それでもグレンがハリー・ポッターを実現するという意志において、ブレているように見えたことは一度もありませんでした。

私が実務において会社の経営回復の先頭に立って奮闘している間、グレンは高度で老練な交渉術（弁護士資格を持つ彼の専門領域）で契約をまとめる先頭に立ち、ついにUSJが「The Wizarding World of Harry Potter」の日本誘致に成功することができたのです。

私は傍らで彼の交渉術の名人芸を見る機会が幾度かあり、非常に大きな刺激にもなりました。彼がボスで本当に良かったと思っています。このような大きなリスクを伴う決断ができたのも、株主・銀行団・ライセンサーなどを取り巻くその難解な交渉を成功させることができたのも、グレン・ガンペルがUSJのトップにいなければあり得ないことだったと、それだけは間違いないと私は思っています。

世界最高のテーマパーク・エンターテイメントの結晶

さて、ここからは、ハリー・ポッターのテーマパーク「The Wizarding World of Harry Potter」について、注目ポイントやお宝情報を紹介していきたいと思います。

ユニバーサル・スタジオ・ジャパンに完成するハリー・ポッターのテーマパークは、東京ドームのグラウンドの約3個分という大きな敷地に、ホグワーツ城とホグズミード村を実際に作ってしまう壮大なスケールで登場します。ここに、城と街、そして2個のライド・アトラクション、3個のショー・アトラクションに、ショップやレストランなど数多くの施設をつくっています。

映画「ハリー・ポッター」の世界観を忠実に再現するために、ハリー・ポッターシリーズの美術監督であるスチュワート・クレイグが細部までデザインし、全ての施工段階でのクオリティーを厳格に監修しました。

スチュワート・クレイグは、米国オーランドのプロトタイプを完成させた人物です。たびたび来日して最新の日本モデルの厳しいチェックと監修を行っています。大阪で皆さんが御覧になるそれは、映画の再現というよりもスチュワート・クレイグがつくった、まさに「本物」と言った方が適切です。

そして一流のクリエイターの仕事を最後に厳しく監修するのが、ハリー・ポッターの原作者であるJ・K・ローリングです。米国オーランドモデルは、彼女の思い描くハリー・ポッターの世界とどれだけ合致できるかに挑んだ途方もない挑戦でした。日本モデルもあらゆる変更や改善点を彼女の監修のもと「本物」であることにこだわって作っています。Authentic（本物）であるかどうか？　そのために最高のクリエイターたちが最高を求め続けた執念の結晶、それが「The Wizarding World of Harry Potter」の日本モデルです。

私が「The Wizarding World of Harry Potter」に惚《ほ》れ込んだのは、スケールよりもむしろ、徹底的に細かい作り込みをされた「クオリティー」の方です。例えば、城を周囲から支えてそびえ立つ岩壁を良く見て下さい。どこの巨岩を切り出したのかと思うばかりの圧倒的な大きさと迫力があり、しかもその岩肌はどこまで見ても精緻《せいち》で表面の苔《こけ》のディテールにまでこだわっています。

実はこの城の岩壁はどこかの天然石を切り出した訳ではなく、全てロックワーク職人（岩肌などの造形を専門にするアーティスト）が手作業による造形で作り出した芸術作品です。どこまで見ても本物の岩壁にしか見えないので、私も最初は本当に驚きました。

こういう細かい仕事は日本人が特に得意なので、日本中の腕の良いロックワークアーティストを数十人集めて、世界のトップレベルの職人も加え、オーランドを超える出来栄えを目指して工事しています。

ホグワーツ城は、細部に至るまでとにかく高品質に、極めて美しく作られています。造形のクオリティーのみならず、この城の立地の太陽の当たり方をちゃんと計算して、城が最も美しく見える角度でスチュワート・クレイグが設計しました。日の出と日の入り時に、太陽の光が城の陰影を浮かび上がらせて美しく照らしてくれるはずです。

私のオススメは「夜」です。ホグワーツ城の夜の外観の美しさは、昼のそれをもはるかに凌《しの》ぎます。そびえ立つ尖塔《せんとう》の窓々から漏れる明かり、月に照らされて幻想的に浮かび上がる城の姿、その美しさはもう別格で、映画シリーズ最終話を思い出して「プロテゴ・マキシマ！」と叫びたくなります（笑）。

更にこのホグワーツ城がすごいのは、外観だけではなくゲストがちゃんと城の内部に入れることです。ダンブルドアの校長室や、肖像画の回廊や、グリフィンドール寮への入り口などなど……ゲストが城の内部に入って見て楽しめるように精巧に作られています。実はメイン・アトラクション「Harry Potter and the Forbidden Journey」もこの城の中にあり、メイン・アトラクションに辿《たど》りつくまでの道（キューライン）で、これらの城内部の見所を多くのゲストが楽しめるように作っています。この城の中では待ち時間も楽しいアトラクションになりますよ。

ユニバーサルの技術の粋を注ぎ込んだ造形と演出のクオリティー

次にホグズミードのクオリティーの見所を紹介しましょう。まずは街の建物の造形を見て下さい。重なり合う家や建物の屋根の稜線《りょうせん》、歪《ゆが》んだ煙突や微妙にズレた建物の骨格など、アンバランスを組み合わせてバランスを作っている不思議な空間です。まっすぐで整然としたものを作っちゃったら魔法使いの村にならないのです。この徹底的に細かい計算と造作のもたらす演出効果が、あっという間にファンならばあの世界へ、ファンでないなら中世ヨーロッパの非日常へ取り込んでいきます。

街並みだけでなく、細かな仕事も際限がありません。このホグズミードの設定は冬の間に積もった雪が解け始めた頃なので、氷柱《つらら》や湯気、解けた雪で濡《ぬ》れた壁や地面の演出など、どこまでも細かい仕事が施されています。各店舗のショーウインドーの中にも、それぞれ細かな魔法の仕掛けが施され、無人で演奏する魔法のチェロやキーキー泣いているマンドレイクなど、ウインドーを覗《のぞ》き込むだけでも飽きません。建物を構成する1つ1つのレンガのヒビや歪み、フクロウの落とした糞《ふん》の色や場所まで徹底的にこだわっています。

ホグズミード村では、ハリー・ポッターのファンが夢にまで見た魔法界のあんなことやこんなことを実際に体験できちゃいます。もちろんファンでなくても息を呑《の》むような圧倒的な別世界になっています。

この街並み自体が壮大なアトラクションなのです。村の入り口では、ホグワーツ特急がまるでゲストを出迎えるように存在感を放っています。また物語に出てきた、ゾンコのいたずら専門店、ハニーデュークスなどの店をそのままリアルに再現していて、マグル（魔法を使えない普通の人間）でも実際に商品を買うことができます。1つ1つがリアルに再現されていて、買い物をする体験自体が楽しめるアトラクションになっています。

オリバンダーの店では、ハリーやハーマイオニーらの杖《つえ》を買うことができるだけでなく、自分の杖を選んで買ったり、運が良ければ店の杖の番人に自分に合った「運命の杖」を選んでもらうこともできます。ここで買った杖で実際に魔法を使うことはマグルには厳しいですが（笑）、オリバンダーで杖を買う魔法のような体験は、多くのゲストにとってかけがえのない思い出として残るでしょう。

飲食体験もかなり凝っていますよ。著者J・K・ローリングが実際にレシピを開発したバタービール（物語に出ている子供も飲めるノンアルコール飲料）を、妥協なくそのまま再現して売っています。彼女が想像していたあのバタービールの味をぜひ体験してみて下さい（私個人としては、実際のバタービールの味には何と言いますか、魔法界と言いますか、とても驚きました！）。

ホグズミード村の真ん中あたりには、あの魔法使いのレストラン「三本の箒《ほうき》」がありまます。外観だけでなく「三本の箒」の中も良く見て下さい、床や壁のみならず天井や梁《はり》などの隙のない徹底的な造作を！　ここまで採算性を度外視して環境演出に労力を注ぎ込んだレストランは他にはないと思います。ここでも本場イギリス料理をJ・K・ローリングが監修し、物語に出てきてハリーたちがよく食べている料理を実際に食べることができます。

ここのお宝情報ですが、「三本の箒」では運が良ければここで働いている屋敷しもべ妖精《ようせい》の気配を感じるかもしれませんよ。

「三本の箒」に隣接した魔法界のバー「ホグズヘッド」では、お父さんたちが喜ぶ本格的なイギリス系ビールを中心にお酒が飲めます。

ホグズミード村には、あれこれ書ききれないほど多くの施設があり、たくさんの細かい演出が仕込まれています。例えばアウル・ポスト（ふくろう便）があり、USJのパートナー企業であるJP（日本郵便）様の御協力で、魔法界からの特別なハガキを投函《とうかん》することもできます。この街並みを眺めながら歩いているだけで、魔法界に入り込んだ驚きとワクワクが体験できるのです。

世界最高のライド「Harry Potter and the Forbidden Journey」

ハリー・ポッターのテーマパークの目玉であるメイン・アトラクションの設計は、アトラクション・クリエイターの鬼才ティエリー・クーが担当しました。彼はハイテクのライドシステムと映像技術を、実際の舞台道具による体感演出と組み合わせる斬新《ざんしん》な発想で、画期的なアトラクションを開発しました。

ティエリー・クーが開発指揮したメイン・アトラクション「Harry Potter and the Forbidden Journey」は、彼自身の傑作であるアメージング・アドベンチャー・オブ・スパイダーマン・ザ・ライドが7年連続で獲得していた世界最高ダークライドの栄冠を奪い取りました。この The Forbidden Journey は、文字通り世界最高のテーマパーク・アトラクションです。これが米国オーランドに2010年に登場してから、4年の間に進歩した最新技術で更に改良されて日本にやってきます。何がどのくらいすごいのかについて、大きなところを3点書こうと思います。

1つ目はストーリー性です。一般ゲストはあくまでもホグワーツ城を訪れたマグルです。仮に物語の設定に反してマグルが自分で魔法を使えるのであれば、ファンはある意味シラケてしまいます。だからマグルが魔法を使いまくるアトラクションにすべきではありません。しかしマグルである一般のゲストは、魔法を間近に感じることを期待しています。そのためマグルであるゲストが直接魔法を使わずに、しかもゲストが主役となって魔法を実感できるアトラクションのストーリー性が求められました。

そこでティエリーのチームはこのようなストーリー設定を考えたのです。ハリー、ロン、ハーマイオニーらが、ホグワーツを訪れて見学しているマグル（ゲスト）をワクワクする危険な冒険に連れ出そうとします。優秀な魔法使いであるハーマイオニーがある魔法をかけるのをきっかけに、ハリー・ポッターの人生とあの世界を凝縮したようなその大冒険は始まります。乗る前も乗った後もテーマ性を更に深めるように設定されたこのストーリーが、ゲスト体験を作る意味でとてもよくできていると私は考えています。

2つ目は、ユニバーサル・クリエイティブの真骨頂である世界で最も進んだハイテクのライド技術です。この技術を大まかに表現すると、超高解像度の巨大映像プロジェクター、大型ロボット、実際の大型舞台道具による演出、音楽と効果音などを組み合わせて、人間を本当に魔法（視覚と体感の錯覚）にかける超大型のハイテク・マシーンです。私は、その壮大なマシーン機構が動いているダイナミックな裏側を実際に何度も見ましたが、この途方もない仕掛けをゼロから考えたティエリー・クーらは率直にすごいと思います。

最後の3つ目は、環境演出の素晴らしさです。ホグワーツ城の門をくぐってこのアトラクションに乗るための待ち列に加わってから実際に乗るまでの間に施された環境演出までもが、とにかく楽しくて細かくてすごいのです。物語に出てきた様々な見所（ダンブルドアの校長室など）を実際に歩いていくことになりますが、1つ1つ見ていくとライドに乗る前からとにかく気持ちが高まっていきますよ。

このメイン・アトラクションには身長制限がありますが、もう少し背の低い子供も乗れる別の「ヒッポグリフ」のコースターライドもあります。お宝情報ですが、このヒッポグリフはコースターとしても爽快《そうかい》で楽しいのですが、私がオススメする一番の特徴は乗っている間の眺望です。このハリー・ポッターの世界の中で、美しい城や街並みを最も高い視点から見られるポイントです。私はこのヒッポグリフから街並みの屋根屋根を眼下に一望するあの景色が大好きです。

トイレまでがアトラクション

「The Wizarding World of Harry Potter」が2010年6月に米国オーランドに完成してから、2014年に日本のユニバーサル・スタジオ・ジャパンに建つまでの間に、およそ4年の歳月が経つことになります。オーランドのプロトタイプを作った後でわかった課題をできるだけ改善し、4年間の技術的な進歩を反映し、更にはクオリティーやテーマ性によりこだわって、より良いものになるべく日本の工事は進行しています。

日本のメイン・アトラクション「The Forbidden Journey」には、オーランドのプロトタイプ開発時にはなかった4Kプロジェクター技術を採用して、より高精細でより鮮明な映像を目指しています。

また、テーマ性の作り込みに関しても、更にこだわりを深めています。例えばトイレです。オーランドのトイレは、女子トイレには嘆きのマートル（物語に出てくる女子学生の幽霊）の気配がしたり、トイレの空間の入り口あたりまでは魔法界の環境演出がなされていて（でもトイレ空間に入ると現代のマグルのトイレ）、これはこれで素晴らしいのですが、日本ではそれを更に進化させようとしています。トイレ空間までホグワーツのトイレの環境造作が成されようとしているのです。

これも実は大きな議論になったのですが、西洋のトイレは個室の左右の壁や前扉の下が、床面との間に20センチほど開いているのが普通で、ホグワーツ城のトイレも映画の中ではそうなっています。下まできっちり塞《ふさ》がっている密室で用を足すことに慣れた日本人は、海外旅行に出かけたときに下の開いたトイレだったりすると、ちょっと気になってしまいますよね。日本人の習慣に合わせて下を塞ぐべきか、ホグワーツのトイレらしくリアルに作るべきか、社内でも相当な議論になりました。我々の結論は「Authentic（本物）かどうか？」という原則に立ち返って、完璧《かんぺき》にホグワーツのトイレを再現することでした。

このエリアのトイレは、映画に出てきたあのトイレで、個室の下の空間もホグワーツの設定どおりに（通常の西洋のトイレのように）開いちゃっています。その隙間にちょっとナーバスになる人もいるかと思いますが、ここは魔法界なのでその違いも非日常として楽しんで下さい。つまり、トイレまでアトラクションになっているのです。

日本モデルでは他にも、オーランドでは登場しない本物のフクロウを街のストリートに登場させようとしていたり（実現できなかったらごめんなさい！）、ホグワーツ城に隣接する黒い湖に城をベストアングルで見たり写真を撮ったりするための桟橋を作ったり、ホグワーツ特急では映画に出てきたあの車両の中で記念写真が撮れるようになっていたり、随所に体験価値がより良くなるように要素を追加しています。

長時間列に並ばなくてもエリア入場できる整理券システム

もう１つＵＳＪが会社を挙げて取り組んでいることがあります。それは「いかに長時間待ち列で並ぶことなく、このハリー・ポッターのエリアに入れるようにするか？」という点です。先行したオーランドでは、オープン当初にエリアに入場するまでに８時間も行列して待つような日がありました。ＵＳＪはそのような待ち列でのゲストの負担を減らすために、完全予約制にすることにしました（注意：実際に試しながら、このあたりのシステムは随時変更や微調整をかけるので、皆様が行く時点で必ず最新のやり方をＵＳＪのホームページで確認するようにして下さい）。

事前に優先入場券を確保するか、当日でも整理券を取って指定時間に行けば、待ち列に長時間固定されずにハリー・ポッターエリアに入れるので、それまで他のことを楽しめるようになります。ユニバーサル・スタジオ・ジャパンには、ハリー・ポッター以外にも多くの世界クラスのアトラクションが存在します。ハロウィーン、クリスマスといった、各シーズンならではのイベントも実施しています。待ち列で長時間を過ごすのではなく、できる限り多くの感動体験をしていただきたいので、混雑が予想されるハリー・ポッターには整理券か優先入場券で全て対応させていただこうと考えています。

整理券は、来園後に所定の整理券マシーンからゲットして、そこに表記してある時間帯にハリー・ポッターエリアの入り口に来ていただければ良い単純明快なシステムです。優先入場券には大きく分けて2系統あり、USJのオフィシャル旅行代理店であるJTB、JR西日本で売っている旅行パッケージに組み込まれる遠方ゲスト用の優先券と、誰でも追加料金で買えるエクスプレス・パスです。エクスプレス・パスにはいくつか種類がありますが、せっかくの1日をできるだけアトラクションの待ち時間で過ごすことなく、所定のできるだけ多くのアトラクションを体験することができるシステムです。

ちょっと話は横にそれますが、初めて当パークに来られたゲストが「USJはファストパスを売っているのか？」と質問されることがたまにあります。USJのエクスプレス・パスはファストパスではありません。TDRのファストパスのように時間指定はなく、ゲストのペースで乗りたいアトラクションを回り、効率的に時間を使うことができます。

実は私はディズニーランドで走力で敗北してファストパスを取れず、嫁さんや家族に面目が立たなくなったことがあります（笑）。そろそろ白状しますが、私も嫁さんも大のディズニー好きです。最初の子供の名前を「ミッキーマウス」の語感に近い「ミキ」にしたくらいなのです。

開園直後に、上の子組と下の子組のために2種類のファストパスを取ろうと、夫婦でそれぞれダッシュして取りに行ったのですが、方向音痴な上に運動不足の私の足はたちまちもつれ、世のお父さん・お兄さんの健脚の前に敢《あ》えなく討死に。結局取れたのは日ごろから元気な嫁さんの方だけでした。その日、もろくも父親の権威が地に落ち、どれだけネチネチと嫁さんに嫌味を言われ続けたかは御想像のとおりです。

エクスプレス・パスはそのようなゲストにとってはありがたい1つの選択肢です。エクスプレス・パスは事前購入ができますし、例えば「ブックレット8」では8種類の指定アトラクションに順不同で乗ることが可能になります。これは私個人としての考えですが、**エクスプレス・パスはゲストの皆様に、より多くの選択肢を差し上げる画期的なシステム**だと思っています。

経済的に有利な人間だけを優遇するのか？　と、ネガティブにとる人もいるようですが、より多くの料金を払った方が、より良い席で見られたり、より良い体験ができたりするのは、世の常ではないでしょうか？　なぜテーマパークだけが入場料金だけの画一料金でなければならないのでしょうか？　ファストパスのように開園ダッシュの「走力」でゲストに差がつくことも、エクスプレス・パスのように「料金の選択」で差がつくことも、同等だと私は考えています。

おかげさまで、USJのエクスプレス・パスは、特に頻繁に来場できない遠方のゲストが効率的に時間を使って多くのアトラクションを体験する手段として好評で、年々売上部数を伸ばしています。関西にも遠方にも、事前に購入できるから安心できて待ち時間を大幅に短縮できるエクスプレス・パスはありがたいと考えるゲストは大勢いるのです。大切なのは、ゲストの皆様により多くの選択肢を用意させていただくことだと私は考えます。

特別に多い日には、1日に入ることができる人数にも限界がありますので、整理券もファストパスのように昼まで待たずになくなってしまう場合もあります。USJとしては一人でも多くのゲストに体験していただきたいので、整理券やエクスプレス・パスの予約をキャンセルした人の分を、整理券を取れなかったゲストを対象にキャンセル待ちで入れるようにシステムを開発しています（もしできなかったらすみません！）。何としても楽しみにしているゲストに一人でも多く入っていただこうと、運営本部も必死で頑張っているのです。

エピローグ　ＵＳＪはなぜ攻め続けるのか？

中小企業が生き残るには勝ち続けるしかない!

私は自分自身がＵＳＪの経営に携わる限り、今後も「攻めることで生き残る道」に挑戦し続けるつもりです。もしこの会社が本当に守りに入りたいのであれば、私以外の現状維持が得意な誰かが経営をやれば良いのです。

なぜそうやって攻め続けようとするのかと問われれば、過去の様々な企業の栄枯盛衰のデータから1つの傾向を読み取ったからです。結局のところ、**中小企業や業界で2位以下のような会社は、生き残るためには攻め続けて勝ち続けるしかない**ということです。ＵＳＪはやや大きめの中堅企業だと思いますが、売上で1000億円もないような企業は十分に小さいと私は考えています。守りに入って変革を怠ればすぐに潰《つぶ》れるのに十分な規模だと思っています。

しかもＵＳＪはエンターテイメント企業ですから、世の中の消費者のニーズの移り変わりに常に自己変革で適応して、新しいアイデアを常に生み出し続けないと生存できないという業態の宿命も背負っています。会社を挙げて攻め続ける危機感をどこまで持ち続けられるのか?　これがとても重要だと考えています。

しかしＵＳＪの社内の雰囲気や私の部下の様子を見ても、すぐに満足したがる安全志向がまだまだあるようで気になっています。2年前、それまでの数年間の右肩下がりから10周年で劇的に集客を伸ばして大成功したときも、いつまでもその余韻に浸っているようで、10周年の結果よりも更に伸ばしていきたい！　という野心を持って考えている人が社内に少ないという違和感がありました。

10周年で達成した900万人近い集客は、10周年だからこそできたラッキーな成功。翌年は当然下がるだろうから、どこまで落とさず維持できるのかという「控えめ」な発想に満ちていました。

実はテーマパーク業界には「周年の呪い」というジンクスがあって、大成功した周年の翌年は集客が普通は落ちるものなのです。ユニバーサル・スタジオ・ジャパンの5周年のときも翌年は厳しかったですし、ディズニーランドも25周年の翌年は集客が落ちました。日本だけでなく世界中のテーマパークでもほとんど、成功した周年の翌年は落とす「周年の呪い」があるのです。

これはオカルトではなく、周年の呪いの正体はちゃんとマーケティング的には理由のあることです。周年の特別感（今年は周年だから特別に良い体験価値があるに違いないと思う消費者心理）のせいで、翌年の来場需要を前倒ししてしまうことが原因です。でも「10周年の翌年は当然下がるだろうから、できるだけ下げないように」という意識では、何をどう考えてもその10周年の成果に勝てるようなアイデアが生まれてくるはずがありませんよね。戦う前から負けていますから。

10周年の翌年も勝つことが当たり前の使命と感じていればこそ、ずっと前から「周年の呪い効果」を計算に入れて、周年の呪いで落とす以上に集客を積むべく新ファミリーエリア「ユニバーサル・ワンダーランド」を準備しておくことができる訳です。

その結果、10周年の翌年の2012年度には、更に100万人も集客を伸ばして、1000万人近くまでパークを成長させることができました。ちゃんと勝つ意志を持って準備すれば、「周年の呪い」にだって勝てるのです。


苦労して1つの山を越えたら、安心して一息つきたい気持ちはわからなくはないですが、それでも即座に立ち上がってより高い頂上を目指して歩き続けなければならないと私は思っています。

攻めようとは無意識に思わないのか、攻めるリスクを意識的に恐れているのか、なぜか自然と守りに入る人が多いように思います。ちょっと良いことがあるとすぐに満足してしまい、もっと良くできる方法はないかとはなかなか意識できずに、より良い未来を思索するチャンスを失っている人が多いように思うのです。

例えば以前、ある音楽イベントのチケットを売ったときに「わずか数分で完売しました。よかったです！」と大喜びで沸いている部下たちを見て、私は暗澹《あんたん》たる気持ちになったことがあります。私はそのとき、値段のつけ方と売る数量を決定的に間違えたと、自戒と残念な気持ちで一杯だったのですが……。

この3年間で、よくぞ奇跡的にUSJを蘇《よみがえ》らせてくれたと褒めてくれる人は多いのですが、私としてはその結果に感謝しつつも、実はその3年間のあちこちにも大きな反省がいくつもあり、もう一度やるならばもっと上手にやる方法をあれこれ考えて、その1つ1つを次に試す機会をうかがっています。常に満足してはいけないと私は思っています。

そんな私のような「異物」が3年半前に平和だったこの組織に降ってきたものですから、私の下で働いてきた多くの部下の皆さんは本当に大変だったと思います。私の意図はポジティブな「勝つための意識改革」だったのですが、彼らにしてみればずいぶんなプレッシャーを感じていたはずです。

でもここまで良く頑張って一緒に走ってきてくれたと思います。ここ最近では勝つことの味をしめて、成功してもより良くしてやろうと最初から考えられる人がかなり増えてきました。でも同時に成功例を踏襲することの枠から、なかなか発想が出ない人もまだまだいるようです。

しかしつまるところ、外部条件が大きく変わらないときに「より良い結果（＝違う結果）」を出すには、この2つしか方法がありません。**「違うことをやる」**か**「同じことを違うようにやる」**か。本当にこの2つだけなのです。より良い結果を求める我々は常に「違うこと」と「違うやり方」を模索し続けねばなりません。

常に変化し続けないと生き残れないのに、変化を起こすことを恐れては駄目なのです。変化を起こすには、大事な何かを捨てなくてはならない選択に迫られることが常です。

何かを変えるためには、より大事な何かのためにかなり大事な別の何かを捨てる痛みを飲み込めないといけない。その痛みを避けたいがために、我々人間は早く満足したい生き物なのかもしれません。変化への最大の敵は「現状への満足」であると私は考えます。

会社が成功すれば成功するほどその危険は高まるので、ＵＳＪのような規模と業態の企業には程よい安定飛行など初めからありえないのです。攻めて勝ち続けることでより高く飛ぶか、そこに留《とど》まろうとしてジリ貧になって落下するか、この２つに１つなんだという危機意識を今後も組織の隅々までより強く浸透させていくつもりです。

戦略的に経営資源を選択集中し、とことんアイデアで勝つ！

経営資源で勝る企業ならば、１つや２つの大き目の失敗でも規模でカバーできる可能性があります。私の前職のＰ＆Ｇという巨大企業がそうでした。どこかのブランドが数十億の投資に失敗しても、どこかの国の１つのカテゴリーで１００億を超えるような売上の穴を作っても、その穴を埋めるべく他にうまくいっているブランドや国があったものでした。規模があればポートフォリオが組めるのです。

しかし中小企業ではそうはいきません。経営資源が少ない企業は、まず一番大事なところに資源を集中しないと勝てません。あれこれリスクヘッジしようと資源を分散すると、全てで資源が不足して負ける可能性が大きくなります。一点張りで絶対に勝たないといけない重要性は、大企業の比ではありません。

だから中小企業は、大企業よりも頭を使っていかないと駄目なのです。より戦略的でなければならないのです。生み出されるアイデアの質もスピードも、大企業よりも優れていないことには話にならないでしょう。経営資源で劣るならば、せめて知恵で優れないと勝負になりません。

数倍の敵に勝ちたいなら、その数倍以上努力して執着して考えて当然です。そうやってとことん戦略とアイデアで勝つのです。企業である以上、何としても生き残らねばなりません。そして生き残るためには、勝ち続けて成長し続けねばならないのです。

USJから日本を元気にしたい！

私は日本が大好きです。外資系企業に入ってずっと多国籍な環境で働いたり、米国に家族で数年住んだ経験を経て、ますます日本のことが大好きになりました。

日本は奇跡のような国だと思います。これだけ少資源で小さな島々に住む民族が、お互いを高い信頼で支え合って1億2000万人もの人口を養い、我慢強く勤勉に働いて先人から脈々と努力を積み重ね、世界に名だたる文化と経済を創り上げました。私はこの日本という国を誇りに思っていますし、ずっと日本人であることを誇りにしながら海外では心の中で日の丸を掲げて戦ってきました。

私は、日本に存在する全ての企業と同様に、公器としてのUSJという会社は、そのビジネスが根ざしているこの日本社会に対しても、大きな責任と可能性を持っていると思うのです。ＵＳＪが成長していくことで、雇用、納税、経済効果など、多くのプラスの波及効果を日本社会に還元していくことができます。テーマパークは、とりわけ経済効果が強い特殊な業態、経済のマルティプライヤーなのです。

テーマパークが巨大な設備投資を頻繁に繰り返すこと、大量の地域雇用を創出すること、近郊のみならず遠方からの集客誘引で何百万人を動かすことができること、そして多くの人々の心を前向きにリセットできること……。巨大テーマパークは社会経済を大いに活性化させるのです。

そんな社会的意義の大きい巨大テーマパークですが、もしＵＳＪが倒れれば日本にある世界規模のテーマパークはＴＤＲだけということになってしまいます。

東に1つだけ……。関東の人は困らないかもしれませんが、実はそれは日本全体のためにとてもまずいのです。なぜならより多くの人が動かないと経済が活性化しないのです。より多くの人がより長距離を動けば、金が動き、情報が動き、社会は活性化していきます。その意味では西よりも東に住んでいる人の方がずっと多く、特に関東には関西の3倍近い人口がいます。**東から西に向けて人が動いた方が、日本国のためにはよほど大きな経済効果**なのです。

東京ディズニーリゾートも東京オリンピックも素晴らしいですが、日本で最も人口が集中している関東から人を大きく動かすアイデアではありません。日本国全体のことを考えると東京以外が本当はもっともっと頑張らないといけないのです。

その意味では業界第2位で西にあるユニバーサル・スタジオ・ジャパンの責任は特別に重く、USJのハリー・ポッターへの賭《か》けも日本全体の公共の利益に通じています。経済効果測定の権威である関西大学の宮本勝浩《みやもとかつひろ》教授は「The Wizarding World of Harry Potter」をオープンした後の10年間で、ユニバーサル・スタジオ・ジャパンが日本社会全体にもたらす経済効果を5・6兆円と試算しています。

この規模の会社が、テーマパークという業態の特殊性と世界最強映画ブランド「ハリー・ポッター」の魅力をテコにして、向こう10年で5・6兆円もの経済効果を日本社会に作る大きな勝負を仕掛けるのです。そして更にその先には、日本企業としてのUSJが、テーマパークビジネスの知恵やノウハウを国外に輸出して、更により大きな社会貢献を日本にもたらす可能性へと果てしなく繋《つな》がっていきます。

私はとてもワクワクしています。そこに日本人として感じる大きなやり甲斐《がい》、自分たちの努力の道筋の先によりよい社会への寄与が見えることに、俄然《がぜん》、胸の奥から熱い力が湧いてくるのです。USJという1私企業の成功や、まして個々人の成功などは、その身震いするような大義に比べるとちっぽけなものなのです。逆にその大義がなければ、とてもここまで辿《たど》りつけなかったと思います。

私にはもう1つ、自分の中から強く湧き上がるモティベーションがあります。それは単純に世界中にある、本当にすごいもの、美しいもの、楽しいもの、感動するものを、何としても日本の人々に見せたいという強い願いです。

テーマパークというものは、そもそも先進国にしか存在しない贅沢《ぜいたく》の塊です。一定以上の可処分所得を持つ豊かな世帯が、ある一定の数を上回らない限り、パークの巨大な設備投資を支えるマーケットが成立しないからです。テーマパークはその国や地域の豊かさの象徴でもあります。

そして、テーマパークは、「ある層」の人々にとっては特に重要なのです。「ある層」とは、日本女性（その中でも母親）のことです。彼女たちにとって、テーマパークは貴重なストレス発散装置となっています。日本女性は、アメリカ女性の約2倍の頻度でテーマパークを訪れます。世界でも突出してテーマパークが大好きなのは日本女性（特に母親層）なのです。なぜだかわかりますか？

これは私の考えですが、先進国の中でも特異な日本の文化事情によって、母親が罪の意識なしにストレスを発散できる装置が少ないからではないかと思います。先進国の中で、家事負担がここまで女性に偏るのも日本くらいですし、欧米のように子供をどこかに預けてストレス発散をすることに罪悪感を覚える人が多い。日本の女性は献身的な存在と言えるのではないでしょうか。家庭のため子供のため、子供の教育にすべてを注ぎ込み、自分の楽しみは後回しの傾向は、昔から続いてまだ残っています。そんな彼女たちにとって、子供と一緒に楽しめるテーマパークの存在は貴重なのです。私はいつも「どうパークを歩いているときに、子供連れの母親ゲストを見かけると、か彼女たちのこの1日が素晴らしいものになりますように……」と祈るような気持ちになります。ユニバーサル・ワンダーランドをつくったのもその想いが土台にあったからです。

このパークをもっともっと成功させて、もっともっと世界最高のエンターテイメントで充実させれば、日本の健気《けなげ》で偉い母親たちや、未来のある子供たちや、ストレス発散が必要な多くの老若男女をもっと元気にできる。そう思えば、不思議と力が湧いてきます。

この感覚は、申し訳ないですが、前職でシャンプーを売っていたときには知りませんでした。シャンプーを売っていたときも情熱を持って働いていると自分では思っていましたが、今と比べるとずいぶん客観的に働いていたのだと思います。自分が本当に好きなことならば、これほどの力が自分の中から湧いてくることを、ＵＳＪに来るまでは知らなかったのです。

もちろんシャンプーも世の中にとって大切なプロダクトですが、エンターテイメントが人の1日や人生の思い出を変えられるその劇的な振幅の大きさは、私個人にとっては格別なのです。苦境に立たされ続け、疲れ切って枯れ果てたと感じていても、更にもう一歩を踏み出せます。朝に目が覚めてすぐに考えるべきことを考え始め、そして夜に眠るまで、いや、夢の中までも、いつまでも執着してアイデアを考え続けられるのです。

それは、エンターテイメントで人を元気にすることが自分の価値観と完全合致するからこそ生まれてくる「喜びの力」のおかげです。次にどんなすごいエンターテイメントを仕掛けて人々をびっくりさせようか、そんなことを毎日徹底的に考えていると、肉体的には疲れるのですが、精神的には疲れにくいのです。むしろワクワクしてきます。我々の仕掛けがうまくいったときに、感動で劇的に変わっていくゲストの笑顔を見て、脳髄から指先まで電撃が走るような感動と勇気を、実はいつもこちらがいただいているのです。「人を元気にする」という大義にむしろ我々自身が生かされていることに感謝して、私を含めて多くのUSJの従業員は今日も頑張れるのです。

この原稿を書きながら、まさに今（2013年11月30日）ブラックベリーに送られてきた最新のデータを見ると、どうやら今期最後の大きな打席だった2013年のクリスマスも大成功でセットできたようです。

ユニバーサル・スタジオ・ジャパンでは、クリスマスのツリーとショーのクオリティーに毎年こだわっています。テーマパークにはないような本格的なミュージカルを作りたいという願いから生まれた夜のショー「天使のくれた奇跡II」は、大規模なデジタル・プロジェクション・マッピングでいくつもの建物に舞台背景を投射し、大人数のライブダンサーが踊ります。夜空を彩るパイロ演出（花火のようなもの）、そして世界的オペラ歌手らを起用した「生」の歌声が圧巻です。

我々は「生歌」の力を信じて、テーマパークでは実は珍しく、高コストですが「生」

にこだわっています。世界的オペラ歌手や、歌って踊れる一流パフォーマーたちに、大阪まで2カ月間も来てもらい、冬の乾燥した屋外という悪条件で本当に毎晩「生」で歌ってもらっています。生声特有の波動といいますか、収録音では出せないアナログの良さといいますか、生ならではの毎晩の真剣勝負が生み出す芝居の凛《りん》とした空気感の本物のライブ・ショーをお届けしたいのです。

多くのゲストはオペラ歌手の生歌を聴く機会は初めてだと思います。多くの子供たちに「生の本物」を聴いてもらうことで、芝居やミュージカルの良さや、歌の力にまつわる何らかの感動が残れば、日本の将来の文化力にも何かが繋《つな》がるのではないかと願っています。

２０１２年に初上演してゲスト満足が異様に高かったこの「天使のくれた奇跡Ⅱ」は、２０１３年11月19日に米国で発表された第20回ティア・アワード（THEA Award＝テーマパークのアカデミー賞のようなもの）を受賞しました。このショーを見るとクリスマス気分が盛り上がるだけでなく、きっと自分の親や子供や恋人や友人に「ありがとう」と言いたくなります。そんな温かい気持ちになれるショーです。

おかげさまで、この11月も集客は１００万人を超え、8月から4カ月連続で１００万人超を達成し、開業年度の連続4カ月１００万人超のパーク記録に並びました。

今の集客トレンドでは12月も１００万人を突破する可能性が極めて高く、そうなると開業年度も超えて初の5カ月連続の100万人超となります。これで開業年以来となる年間集客1000万人の大台越えも既定路線に見えてきました。

この3年間のV字回復とこれから始まる「The Wizarding World of Harry Potter」のオープンによって、ユニバーサル・スタジオ・ジャパンは新たなステージへ踏み出そうとしています。会社としてのUSJも、テーマパークを効率的に経営するノウハウを武器に大きく飛躍するチャンスを切り拓《ひら》こうとしています。そして私が確信的に思うのは、このパークも会社もまだまだもっと成長できる余地があるということです。

満足しない人間には、できていないことがまだまだたくさん目に付きますから。アトラクションやショーももっと高いレベルにできるはずです。ゲストサービスの品質ももっと高いレベルにできるはずです。関西から全国に目を向ければ「ユニバーサル・スタジオ・ジャパン」というブランド力も、まだまだ飛躍的に強くする伸び代があります。よく考えるとその伸び代は当然で、USJはまだわずか十数年の社歴しかない若い会社なのです。もっと大きく成長できる余地を持った、満足なんて程遠いチャレンジャーなのです。そのためにますます戦略性を高め、アイデアでとことん勝負できるように、もっと人と組織を強化して、それらの人の力で「ブランド」をより強くしていかねばなりません。やるべきことは本当にたくさんあります。

でも本当にありがたいのは、そうやって我々がリスクを恐れずに挑戦し続ける道は、大きな経済効果や何百万人もの新たな笑顔を作るという日本社会全体の公共の利益へとダイレクトに繋がっていることです。私はこのパークを使って、アジアを中心とする海外から多くの観光客を日本に呼び込み、日本全国からたくさんの人を動かすことで、この日本をもっと元気にしたい！　と心の底から思えるのです。その大きな力を糧にリスクを恐れずに挑戦し続けていきたいと思います。

これからもユニバーサル・スタジオ・ジャパンは、世界中から最高のエンターテイメントを集めて日本の皆様へお届けします。その願いをこの決意に変えて。

「世界最高を、お届けしたい。」　ユニバーサル・スタジオ・ジャパン

２０１４年2月　森岡　毅

Chief Marketing Officer、執行役員、マーケティング本部長

株式会社ユー・エス・ジェイ

文庫版あとがき　打ち上げられた「ハリー・ポッター・ロケット」

世の中のＵＳＪへの認識を変えたかった

この本を書いていた頃の私は、まさかこの本が伝統ある角川文庫入りする日が来るとは想像もしておりませんでした。単行本『ＵＳＪのジェットコースターはなぜ後ろ向きに走ったのか？』は２０１４年2月末に発売以来、多くの読者の皆様の御支持と御評価をいただき、刷数を重ね、おかげさまでまさかのベストセラーリストに名を連ねるまで部数を伸ばすことができました。拙著を支援してくださった全ての皆様、読んでくださった全ての読者の皆様に、あらためまして深く御礼を申し上げます。

この本を読んでいただいた方々の中には既にお察しの人もいると思うのですが、実はこの本自体がハリー・ポッターを大成功させるためのアイデアの1つ、私のマーケティングの苦肉の策でした。ハリー・ポッターの成功に必要だったのは、日本全国平均で「9割以上の消費者認知」という物凄《ものすご》い認知形成。全国規模の凄《すさ》まじいＰＲ露出が不可欠だったのです。

ＴＶをつければどのチャンネルでもＵＳＪのハリー・ポッターばかりをやっている状態、ネットメディアでも関心事が高い検索キーワードとして常に上位に張り付いている状態、新聞雑誌などの紙媒体でも日本全国の社会的関心事として扱われている状態、そういう状態を作り上げなければならないと考えておりました。そう、２００１年の開業時をはるかに超える全国的大フィーバーが必要だったのです。

それはＵＳＪの自前の広告予算だけではどうしても賄いきれない。

しかしながら、この本を書く決心をした頃の２０１３年秋のＵＳＪと言えば、どんなイベントをやろうにも全国メディア（とりわけ関東キー局）の皆様を大阪に連れてくることが困難な状況がずっと続いていたのです。大阪から東京を見ている我々の僻《ひが》みかもしれませんが、「テーマパークと言えばＴＤＲ、なんでわざわざ大阪まで行かないといけないの？」「ＵＳＪって何？　地方の遊園地でしょう？」と思われており、そっけない反応をされることは日常茶飯事。

いかに巨大プロジェクトでも、いかにクオリティーが世界最高でも、そんな状態のままハリー・ポッターを打ち上げては、多くのメディアを毎日飾るような状態を作ることはできません。ＵＳＪへの社会的評価が大きく欠けていたのです。

そこで私は考えたのです。ＵＳＪへのメディアの認識を、ハリー・ポッター前に大きく変えていく戦略を。どうすればハリー・ポッターがオープンする２０１４年夏までに、ＵＳＪをメディアが扱わざるを得ない存在にするのかを……。

メディアが興味があるのは、本質的に大企業か成長企業のどちらかであると仮説を立てました。ＵＳＪはすぐには大企業になれませんから、せめて成長企業としての評価を定着させようと。実際にＵＳＪはデフレ時代にあり得ない勢いでＶ字回復を遂げておりましたので、まずその認識を定着させる本を書く。私はマーケターの端くれですから、本気で売れれば本1冊ならばそこそこ売ることはできるのではないかと。売れている本ならばメディア関係者は必ず読んでくださるので、私のメッセージは届くべき人々に確実に届く。そうシナリオを描いて、この本の発売日は2月末と決めました。

3月中旬までに売れ筋ベストセラーに乗せる、そしてメディア関係者がこの本を読んでUSJへの印象を新たにしつつハリー・ポッターに期待感を持った頃、つまり4月の半ばに総理大臣とアメリカ大使がまさかのツーショットでUSJでオープン日を発表する、そしてメディアに大きな衝撃を与え、「USJのハリー・ポッターオープンは取材しなくてはいけない」という強固な認識を創り上げて、7月のグランドオープンには30台ものカメラが並ぶ……。ハリー・ポッターのオープンに向けて一大PRのピークをつくり上げるために、そこから逆算して描いたシナリオの軸が、この本の出版でした。

この本をUSJへの世の中の認識を変えるための軸として機能させるべく、2013年の10月と11月という死ぬほど忙しかった時期に、泣きそうになりながら慣れない執筆活動をしました。会社での業務時間は一切使わず、プライベートの時間のほぼ全てを投入して、黙々と一人で全部書いた2年前の日々が今も頭をよぎります。大変でしたが書き進めると熱中していきました。

「USJのことを重要取材対象として認識してもらうため」という不純な動機で書き始めたのですが、どうせ書くならば世の中のお役に少しでも立てるものにしようと、私の持っているアイデアのノウハウなどを精一杯盛り込みました。それが結果として読者の皆様の仕事や日々の発想に、少しでも「気づき」を与えられていれば幸いです。

さて、そうまでして必死な覚悟で導入したハリー・ポッターは実際どのような結果になったのか？　報道で御存知の方も多いと思いますが、ハリー・ポッターは空前の大成功となりました。この本もかなり役に立ちまして、PRの大フィーバーを実現することができました。

しかし今回はせっかくの文庫化ですので、単に結果だけでなく、生々しい話を少々書こうと思います。実は華々しいオープンの裏側で、私が相当追い詰められた問題がいくつも発生し、焦りに焦っておりました……。

なぜその日に止まる!?

ハリー・ポッターがオープンしたのは2014年7月15日のことです。前日の14日にグランドオープンを記念した盛大な前夜祭を行い、15日のオープン初日には熱狂的なハリー・ポッターファンをはじめとする一般ゲストの皆さんのみならず、メディア関係者もたくさんエリアを内覧されていて、大いに盛り上がっておりました。

そこで信じられないことが起こりました。初日にハリー・ポッターエリアのメインアトラクション「The Forbidden Journey」が止まってしまったのです。それは某通信社の配信をきっかけに大ニュースとなって広がってしまいました。

「ハリー・ポッター、初日からトラブル続出」

このメインライドはハイテク機械の塊なのですが、ゲストの安全性を最優先していま す。ほんの少しの異常でも感知してライドを停止させる高感度センサーが何百個も配置 されています。そのときはそのセンサーの1つが微細な異物を感知してライドを停止さ せました。安全を最優先するテーマパーク事業者としては、センサーが正常に機能して 止めるべきときに止めたという認識です。異常を感知したときに止まらないライドの怖 さを考えると、非常に正常であったと思います。

しかしあまりにもタイミングが悪かった！ 滅多に起こらないことがどうしてよりに よってオープン初日に起こるのか！ 一報を聞いたときに「まさか、そりゃないでしょ う」と絶句してしまいました。しかもそれに付随して、ハリー・ポッターエリアへの入 場整理券の配布に不手際があり、何時間も並ぶ必要があったと取れる記事も書かれ、 「初日からトラブル続出」という不名誉な見出しが躍ってしまったのでした。それは事 実ではありません。実際には10分程度しかゲストを待たせることがなかったのに……。

センサーがライドを止めるのは正常なことで、大切なことなのです。頻繁には起こらないですが、どのパークでも常に起こらないといけないことなのです。入場整理券も、暑い中ゲストを待たせないためにクルー達が必死に頑張って、実際は10分しか待たせなかったのです。

「それをトラブル続出とは何事ぞ！」。私は半ばキレ気味でしたが、怒りを抑えて即座に対処しました。その通信社の方々も含め多くのメディア関係者をパークに招き、メインライドが止まった理由と意味を私自身から積極的に説明しました。

「これからも必要なときにはちゃんと止まりますし、止めます！　整理券配布は限りなく上手《うま》く行っています！」と宣言しました。それ以来トラブル続出的な書かれ方は収まりました……。

追い詰められた8月

２０１４年の8月に私は大きな夢を抱いていました。ある数字を塗り替える夢です。それはＵＳＪが開園した２００１年8月の月間集客数最高記録、１３２万人という数字を超えること。この１３２万人という数字だけは、入社以来の4年間、何をやってもついに手が届かなかった、私にとっては「どうしようもないことの象徴」とも言うべき高い高い数字だったのです。

ハリー・ポッターの導入によって、この数字は抜ける、抜いてみせると、私は意気込んでいました。得意な数学のモデリングをしながら、この数字を抜くことはこの8月においては実に確率が高いと、相当な自信があったのです。社内にも、社外にも、その132万人ラインを成功判断の1つの基準として設定し、公言していました。

しかし、通常の確率計算ではありえないことも起こるんですね。**100%と0%だけはないという日頃の自分の信念を痛感させられることになりました。**

まず起こったあり得ないことは、関西の天気。ハリー・ポッターオープン直後の8月は、パーク始まって以来の凄《すさ》まじい台風と大雨のオンパレードだったのです。かきいれどきの大切な週末を全て台風に潰《つぶ》されるという、確率上ほとんどありえないことが本当に起こりました。平日もほぼ雨が降っており、尋常ではありませんでした。まるで呪われているかのように連日の雨、雨、雨……。

加えて想定外の問題が……。関西の人々の大規模な「行き控え」が起こったのです。巨大な認知形成と期待感を煽《あお》るマーケティングが効きすぎた裏返しなのですが、関西の人の9割はハリー・ポッターでパークがめちゃくちゃ混んでいるだろうと思いこみ、もうちょっと経ってから行こうと考える人が多かったのです。

その結果、信じられないことが起こりました。ハリー・ポッターがオープンした直後の8月は、関西の集客がなんと対前年で3割減となってしまったのです。

ハリー・ポッターを建てたせいで8月の関西集客が3割減！「なんじゃそりゃー！」。さすがにこのシナリオは想定外でした。目の前がクラクラして視界が真っ黒になっていくようなドン底の心境だったのです。

ただ周囲に聞くと、パークが開園した2001年春の直後にも地元関西の人々が「行き控え」でなかなか来なかったという証言がいくつか出てきました。もし当時の担当者達がその時の生データを残してくれていれば、事前にこのリスクに気づいて対処できていたのにー！　そんな思いに駆られましたが、人のせいにする訳にはいきません。私がこの事態を予測できていなかったのは現実なのですから。

このとき、私は相当に焦ったんです。焦ったあまり、ちょっと今では考えられない愚策まで打ってしまいました。私の黒歴史として終生忘れまいと思っています。

それは「ハリー・ポッターエリアには事前予約がないと入れない？　そんなことはありません。8割以上の人が当日整理券（無料）で楽しんでいます。」というトンデモないメッセージの15秒TVCMを急遽《きゅうきょ》製作して、お盆あたりから関西で本当に流したんです。このTVCMが全く意味が無かったとは思いませんが、その「ただごとではない」雰囲気のCMが問題の本質を捉《とら》えていなかったことは、今では明瞭《めいりょう》にわかります。当時の私はそれほど動転して焦っていたんですね（笑）。

何とか早く関西のお客様を呼び戻そうと、焦りながら猛烈に速い判断と行動を繰り返していた私ですが、終戦記念日あたりに気づいたんです。

「そこが戦略の要《かなめ》ではない、今すべきことは別にある」と。

ハリー・ポッターがそれほどは混んでいないとか、当日整理券で入れるとか、そういうことを声高に叫べば叫ぶほど、お茶の間では「ますます怪しい」と思われるわけで(笑)。目的は関西の人々を早くパークに呼び戻すことであることは間違いないのですが、戦略が間違っていました。関西の人がパークに来なくては行けない理由が、ハリー・ポッターでなければならない道理はどこにもないことに気づきました。

そう、関西のマーケティング投資の焦点を「ハロウィーン」に集中することにしたのです。地元関西の人々にとって、ずっとあり続けるハリー・ポッターよりも、この秋のハロウィーンこそが「今」パークに行かねばならない必然だと気が付いたのです。

正気に戻った私は、ちょっと恥ずかしい「事前予約がないと入れない?」というTVCMはすぐにやめ、ギリギリのタイミングで「ハロウィーンに集中」という方向へ舵《かじ》を切ることができました。

結果どうなったか? 8月の集客は133万人となり、過去最高をギリギリで更新できました! あれだけの雨と行き控えで、関西が対前年3割も減っていたにもかかわらず、あの132万人を超えることができたのは、関西の外からハリー・ポッターのために来てくださった遠方のゲストが凄まじく伸びたからです。

ハリー・ポッターの導入で遠方ゲストの比率が大きく上がり、関西ゲストの比率が大きく下がったことは、パーク全体として新しい強みを生み出すこととなりました。

それは「雨に強いパーク」です。関西比率が7割を超えていた以前は、雨が降るとパークの集客は3割からひどいと半減ということが珍しくなかったのです。地元の人々は、雨が降ったら天気の良い日にまた行けば良いと考えるので、雨の日は集客ダメージが非常に大きい。

しかし遠方のゲストの比率が高まると、少々の雨でも旅程を変更するのは簡単ではないので、キャンセルせずにパークに来てくれる人が多いのです。ハリー・ポッター後は雨の日の集客ダメージが1割から2割と大幅に軽減されました。このあたりの集客基盤の強化はハリー・ポッターのもたらした大きな効用の1つです。

さて、9月になると関西でマーケティングの集中投資を行ったハロウィーンが大爆発し、関西の客足がどんどん戻ってきました。そしてハロウィーンがピークを迎えた10月に146万人の集客を記録し、8月に樹立した月間集客の記録を更新することができました。今思い返すと、慌てて焦る中でミスもしてしまいましたが、あのときに正しい判断にギリギリで行き着いて良かったなとしみじみ思います。

その後は、クリスマスイベントも大ヒットし、年が明けてからは日本が誇るアニメやゲームのブランドを集めた「ユニバーサル・クールジャパン」が、例年は閑散期だった寒い時期をまるでハロウィーンのような賑《にぎ》わいに変えました。

その結果、ハリー・ポッターを導入した2014年度の年間集客は、悲願だった開業年度2001年の1100万人を大きく超え、1270万人を記録することができました。そして「さすがにUSJの伸びもハリー・ポッター2年目には下がるだろう」という多くの予測を裏切って、この2015年度もこのまま進めば1400万人に近いところまで記録を更新すると私は見ております（2015年12月17日現在、あと第4四半期が残っています）。

しかも、大きな奇跡が起こりました。2015年10月、USJの月間集客記録は過去最高の175万人を記録し、ついにあの東京ディズニーランドや東京ディズニーシーを超えて、単体のテーマパークとして悲願の日本一となることができました。開業以来14年以上かかりましたが、あの巨大なTDLをついに抜いたと私は確信しています。

「ほんとに？」と疑う人もいるかもしれません。しかし確信があります。実はこれは私どもの分析なんです。

正確には「USJの2015年10月の175万人という数字は、96％以上の確率でTDLを上回っている」と数学的に証明できるということです。

TDLは単月の数字を発表していません。それなのにどうして私にそれがわかるのかと疑問に思う方もいらっしゃると思います。でもわかってしまうんですね。

その10月のTDLは多くても162万人（ビンゴの読みは158万人）とはじき出し

た計算式を添えて、メディアの皆さんにＵＳＪがついに日本一になったという報告をさせて頂きました。それについては、私には十分な自信があります。そのくらいは簡単に予測できてしまうのが数学の力、私がＵＳＪで最も力を入れている「数学マーケティング」の力です。

実は今、新しい著書を2冊ほど執筆しています。1冊は、ビジネスで成功したい方のために、マーケティングの重要性をわかりやすく解説したマーケティングの入門本『ＵＳＪを劇的に変えた、たった1つの考え方』。もう1冊は、我々がＵＳＪで実践してきた「数学マーケティング」のノウハウを惜しげもなくゴリゴリ書いた、マーケティング実務者にもちょっと歯ごたえのある本『確率思考の戦略論』。

この10月の175万人がＴＤＬを上回った数学的論証などは、最もシンプルなノウハウとして紹介するつもりです。たとえ数式を読み飛ばしても学べるように、わかりやすい本を目指して執筆中です。数学マーケティングの考え方が、多くの皆様のビジネスに役に立つように書こうとしています。本書では詳しく書くことを割愛した「数学的フレームワーク」の本となる予定です。

2冊とも2016年春頃に世の中に出すつもりで書いておりますので、読んでいただければ幸甚です。

さて、USJがこの10月にたった1回だけでも、あのTDLを上回ったということがどれだけの奇跡かについて。先日、ラグビー日本代表がワールドカップで最強国の南アフリカに勝ちましたが、その奇跡を上回る奇跡と言っていいと思います。

関西に位置するUSJは地元の消費者人口が、TDLの位置する関東の3分の1しかありません。地元のみならず、海外観光客に代表される旅行客も東京方面に向く足の方が大阪方面よりも圧倒的に多いのです。そんな状況で、しかもミッキーマウスを中心とした最強ブランドを有する相手に勝ったのです。

たとえて言うならば、**ラグビー日本代表がたった5人で、15人の最強チーム南アフリカに勝ったようなもの**です。

これは確率上、あまりにありえないことです。しかも私が敬愛してやまないあの最強のTDLを抜けたのです。あまりに嬉《うれ》しかったので、自社分析にもかかわらず発表させていただいた次第です。少々うるさかったようでしたらスミマセン。今後はもう少し謙虚にしていきますので、この度の私のやんちゃに関しては、どうか御容赦くだされればと思います。

東のTDRだけでなく、西のUSJが健在であることが、日本のエンターテイメントマーケットにとって重要であることは本書で力説してきました。

第2段ロケット、ハリー・ポッターのプロジェクトは、初めてフロリダで見上げたあのときの悲願が叶《かな》って空前の大成功をおさめることができました。メディアの皆様、支援してくださった様々な関係者の皆様、そして疲れることを知らず一緒に団結して走ってくれた多くのＵＳＪの仲間達に、心の底から感謝を申し上げたいと思います。

本書は私の視点で書かれていますが、私一人で成し遂げたことは１つもありません。多くの仲間と一緒にＵＳＪが「夢」を追いかけた記録として、本書が残っていくことを願っております。

最後になりましたが、伝統ある角川文庫に収録されることになり、ＵＳＪのＶ字回復の物語が少しでも長くより多くの皆様の心に残る場をいただけたことに、担当の亀井さんをはじめとする株式会社ＫＡＤＯＫＡＷＡ関係者の皆様に重ねて感謝を申し上げたいと思います。

皆様、本当にありがとうございます！

森岡毅《もりおかつよし》　２０１５年12月17日

装丁／萩原弦一郎、藤塚尚子（デジカル）
図版作成／スタンドオフ

本書は二〇一四年二月小社刊の単行本に加筆し、文庫化したものです。

USJのジェットコースターは なぜ後《うし》ろ向《む》きに走《はし》ったのか？

森《もり》岡《おか》毅《つよし》

平成28年 4月25日　初版発行
令和2年 10月30日　15版発行

発行者●青柳昌行

発行●株式会社KADOKAWA
〒102-8177　東京都千代田区富士見2-13-3
電話　0570-002-301(ナビダイヤル)

角川文庫 19708

印刷所●株式会社KADOKAWA
製本所●株式会社KADOKAWA

表紙画●和田三造

●お問い合わせ
https://www.kadokawa.co.jp/（「お問い合わせ」へお進みください）
※内容によっては、お答えできない場合があります。
※サポートは日本国内のみとさせていただきます。
※Japanese text only

ISBN978-4-04-104192-5　C0195

◆◇◇

角川文庫発刊に際して

角川源義

第二次世界大戦の敗北は、軍事力の敗北であった以上に、私たちの若い文化力の敗退であった。私たちの文化が戦争に対して如何に無力であり、単なるあだ花に過ぎなかったかを、私たちは身を以て体験し痛感した。西洋近代文化の摂取にとって、明治以後八十年の歳月は決して短かすぎたとは言えない。にもかかわらず、近代文化の伝統を確立し、自由な批判と柔軟な良識に富む文化層として自らを形成することに私たちは失敗して来た。そしてこれは、各層への文化の普及滲透を任務とする出版人の責任でもあった。

一九四五年以来、私たちは再び振出しに戻り、第一歩から踏み出すことを余儀なくされた。これは大きな不幸ではあるが、反面、これまでの混沌・未熟・歪曲の中にあった我が国の文化に秩序と確たる基礎を齎らすためには絶好の機会でもある。角川書店は、このような祖国の文化的危機にあたり、微力をも顧みず再建の礎石たるべき抱負と決意とをもって出発したが、ここに創立以来の念願を果すべく角川文庫を発刊する。これまで刊行されたあらゆる全集叢書文庫類の長所と短所とを検討し、古今東西の不朽の典籍を、良心的編集のもとに、廉価に、そして書架にふさわしい美本として、多くのひとびとに提供しようとする。しかし私たちは徒らに百科全書的な知識のジレッタントを作ることを目的とせず、あくまで祖国の文化に秩序と再建への道を示し、この文庫を角川書店の栄ある事業として、今後永久に継続発展せしめ、学芸と教養との殿堂として大成せんことを期したい。多くの読書子の愛情ある忠言と支持とによって、この希望と抱負とを完遂せしめられんことを願う。

一九四九年五月三日

角川文庫ベストセラー

太平洋戦争 最後の証言
第三部 大和沈没編
門田隆将

なぜ戦艦大和は今も「日本人の希望」でありつづけるのか——。乗組員3332人のうち、生還したのはわずか276人に過ぎなかった。彼らの証言から実像を浮き彫りにする。シリーズ三部作、完結編。

蒼海に消ゆ
祖国アメリカへ特攻した海軍少尉「松藤大治」の生涯
門田隆将

米国サクラメントに生まれ、「日本は戦争に負ける。でも俺は日本の後輩のために死ぬんだ」と言い残して死んだ松藤少尉。松藤を知る人々を訪ね歩き、その生涯と若者の心情に迫った感動の歴史ノンフィクション。

準備する力
夢を実現する逆算のマネジメント
〈文庫改訂版〉
川島永嗣

「今日がいいか、悪いかだけじゃなくて、5年後、10年後の自分を常にイメージする。僕はそれを繰り返してきた」。決してエリートではなかった日本の守護神が、これまで実践してきた10のステップを公開！

煩悩フリーの働き方。
小池龍之介

私たちが抱えるストレスの多くは仕事に原因があります。職場の人間関係や課せられるノルマ、その仕事自体のつまらなさ……悩めるあなたに若き僧侶が精神的手習いを語ります。「明日がイヤだ」と言う前に。

さみしさサヨナラ会議
小池龍之介
宮崎哲弥

こんなにも人が苦しむ「さみしさ、孤独」という感情はどこから来るのだろう？　どうしたら、この感情とサヨナラできるのだろう？『しない生活』などで話題の僧侶・小池龍之介と評論家・宮崎哲弥が語りあう。

角川文庫ベストセラー

三色ボールペンで読む日本語　齋藤　孝

まず、読みたい本に3色ボールペンで線を引こう。まあ大事なところに青の線、すごく大事なところに赤の線、おもしろいと感じたところに緑の線。たったこれだけであなたの「日本語力」は驚くほど向上する！

呼吸入門　齋藤　孝

日本人は呼吸に関して固有のスタイルと文化をもっていたが、それが急速に失われつつある。ここで見直さなくては、日本人の優れた呼吸の仕方は完全に廃れてしまう。齋藤流身体論を集大成する〝呼吸〟指南。

だれでも書ける最高の読書感想文　齋藤　孝

中高生の定番課題、読書感想文。でも本が決められない、読めない、書けないと悩んでいませんか？　身近な話題の活用法から「もしも」ではじめる発想法、使っちゃいけないNGワードや本選びのコツまで指南。

国家と神とマルクス　「自由主義的保守主義者」かく語りき　佐藤　優

知の巨人・佐藤優が日本国家、キリスト教、マルクス主義を考え、行動するための支柱としている「多元主義と寛容の精神」。その〝知の源泉〟とは何か？　思想の根源を平易に明らかにした一冊。

国家と人生　寛容と多元主義が世界を変える　佐藤　優　竹村健一

沖縄、ロシア、憲法、宗教、官僚、歴史……幅広いテーマで、「知の巨人」佐藤優と「メディア界の長老」竹村健一が語り合う。知的興奮に満ちた、第一級のインテリジェンス対談!!

角川文庫ベストセラー

地球を斬る　佐藤　優

〈新帝国主義〉の時代が到来した。ロシア、イスラエル、アラブ諸国など世界各国の動向を分析。北朝鮮―イランが火蓋を切る第三次世界大戦のシナリオと、勢力均衡外交の世界に対峙する日本の課題を読み解く。

国家の崩壊　佐藤　優・宮崎　学

1991年12月26日、ソ連崩壊。国は壊れる時、どんな音がするのか？　人はどのような姿をさらけだすのか？　日本はソ連の道を辿ることはないのか？　外交官として渦中にいた佐藤優に宮崎学が切り込む。

世界が土曜の夜の夢なら
ヤンキーと精神分析　斎藤　環

「アゲ」と「気合」の行動主義＝反知性主義、家族主義で母性的。これまで論じられなかった日本人の「ヤンキー」性と、急速に拡大するバッドセンス。日本文化の深層に、気鋭の精神科医／評論家が肉薄する！

ピンポンさん　城島　充

日本卓球界の伝説の男、荻村伊智朗。人生のすべてを卓球に捧げた世界のオギムラの波瀾万丈の生涯と、彼を陰でささえ続けた一人の女性の日々を重ねて描きった、珠玉のノンフィクション。

オール1の落ちこぼれ、教師になる　宮本延春

中学卒業時の学力は、漢字は名前しか書けず、数学は九九が2の段まで。英語の単語はBOOKしか知らない落ちこぼれが編み出した「オール1からの勉強法」とは？　全国に衝撃を呼んだ「オール1先生」初の著書。